中国文化经纬

四书五经

张积 著

中国书籍出版社
China Book Press

图书在版编目（CIP）数据

四书五经 / 张积著. —北京：中国书籍出版社，2014.11
ISBN 978-7-5068-4542-7

Ⅰ. ① 四… Ⅱ. ① 张… Ⅲ. ① 四书—研究 ② 五经—研究
Ⅳ. ① B222.15 ② Z126.27

中国版本图书馆CIP数据核字（2014）第246887号

四书五经

张积 著

责任编辑	李国永　冯继红
责任印制	孙马飞　马 芝
封面设计	汉石美迪
出版发行	中国书籍出版社
地　　址	北京市丰台区三路居路97号（邮编：100073）
电　　话	（010）52257143（总编室）　（010）52257140（发行部）
电子邮箱	chinabp@vip.sina.com
经　　销	全国新华书店
印　　刷	三河顺兴印务有限公司
开　　本	635毫米×970毫米　1/16
字　　数	100千字
印　　张	11.75
版　　次	2015年10月第1版　2015年10月第1次印刷
书　　号	ISBN 978-7-5068-4542-7
定　　价	29.00元

版权所有　翻印必究

《中国文化经纬》系列丛书
编委会

顾问　汤一介　杨　辛　李学勤　庞　朴
　　　　王　尧　余敦康　孙长江　乐黛云

主编　王守常

编委（按姓氏笔画为序）

　　　　王　平　王小甫　王守常　邓小楠
　　　　乐黛云　江　力　刘　东　许抗生
　　　　朱良志　孙尚扬　李中华　陈平原
　　　　陈　来　林梅村　徐天进　魏常海

总　序

二十世纪三十年代，陈寅恪先生在冯友兰《中国哲学史》下册的《审查报告》中说："窃疑中国自今日以后，即使能忠实输入北美或东欧之思想，其结局当亦等于玄奘唯识之学，在吾国思想史上既不能居最高之地位，且亦终归于歇绝者。其真能于思想上自成系统，有所创获者，必须一方面吸收输入外来之学说，一方面不忘本来民族之地位。此二种相反而适相成之态度，乃道教之真精神，新儒家之旧途径，而二千年吾民族与他民族思想接触史之所昭示者也。"今天读陈先生的话，感慨良多。先生所言之义：佛教传入中国，其教义与中国思想观念制度无一不相冲突。然印度佛教在近千年的传播过程中不断调适，亦经国人改造接受，终成中国之佛教。这足以告知我们外来思想与中国本土思想能够融合、始相反终相成之原因，在于"必须一方面吸收输入外来之学说，一方面不忘本来民族之地位"。这就是我们经常讲的,当下中国文化必须"返本开新"。如有其例外者,则是"忠实输入不改本来面目者,若玄奘唯识之学,虽震荡一时之人心,而卒归于消沉歇绝"。

我以为近代中国落后于西方,不应简单视为文化落后,而是二千多年的农业文明在十八世纪已经无法比肩欧洲工业文明之生产效率与市场资源的合理配置,由此社会政治、国家管理制度也纰漏丛生。由是而观当下之中国,体制改革刻不容缓,而从五四时代以来的文化批判也需深刻反思。启蒙运动对传统文化的批评固然有时代需求,未经理性拷问的传统文化无法随时代而重生。但"五四运动"的先贤们也犯了"理性科学的傲慢",他们认为旧的都是糟粕,新的都是精华,以二元对立的思考将传统与现代对峙而观,无视传统文化在代际之间促成了代与代的连续性与同一性,从而形成了一个社会再创造自己的文化基因。美国学者席尔思写了一部书《论传统》,他说:传统是围绕人类的不同活动领域而形成的代代相传的行为方式,是一种对社会行为具有规范作用和道德感召力的文化力量,同时也是人类在历史长河中的创造性想象的沉淀。因而一个社会不可能完全排除其传统，不可能一切从头开始或完全取而代之以新的传统，而只能在旧传统的基础上对其进行创造性的改造。此言至矣！传统与现代不应仅在时间序列上划分，在文化传承上可理解为"传统"是江河之源，而"现代"则是江河之流。"现代"对"传统"的理性诠释，使"传统"在"现代"得以重生。由此，以"同情的敬意"理解自己民族的文化传统是当下中国的应有之义，任何历史文化的虚无主义都要彻底摒弃。从"五四"先行者到今天的一些名士，他们对传统文化进行激烈批判，却也无法摆脱传统文化对自己的思维方式和价值观念的影响。这样的事实岂可漠视。

这套《中国文化经纬》丛书是在1993年刊行的《神州文化集成》丛书的基础上重新选目、修订而成。自那时到今天，持续多年的"文化热"、"国学热"，昭示着国人对自己民族文化的认同还处在进行时。文化决定了一个民族的性格，民族性格决定了一个民族的命运。中国文化书院成立至今已有30年了，书院同仁矢志不移地秉承着"让世界文化走进中国,让中国文化走向世界"之宗旨,不负时代的责任与担当。此次与中国书籍出版社合作出版这套丛书,期盼能在民族文化的自觉、自信、自强上有新的贡献。

王守常

2014 年 12 月 8 日

于北京大学治贝子园

目 录

总序 ·· 1

第一章　五经通论 ·· 1
第一节　什么是经 ·· 1
第二节　六经与五经 ·· 5
第三节　五经的确立与变化 ·· 9
第四节　五经的体裁 ··· 15
第五节　五经与中国文化 ··· 19

第二章　四书通论 ·· 27
第一节　四书的出现 ··· 27
第二节　朱熹与《四书集注》 ··· 32
第三节　《四书集注》的政治影响 ·· 37

第三章　《周易》 ·· 41
第一节　《易经》的作者与成书时代 ··· 41

第二节　《易经》的形式和思想内容 …………………… 45
　　第三节　《易传》的编者和著作时代 …………………… 50
　　第四节　《易传》的思想内容 …………………………… 53
　　第五节　《周易》学源流 ………………………………… 55

第四章　《尚书》 ……………………………………………… 59
　　第一节　《尚书》的形成 ………………………………… 59
　　第二节　《尚书》的篇目和年代 ………………………… 61
　　第三节　《今文尚书》、《古文尚书》和《伪古文尚书》 … 65
　　第四节　宋代及后来的《尚书》学 ……………………… 70

第五章　《诗经》 ……………………………………………… 74
　　第一节　《诗经》的形成和时代 ………………………… 74
　　第二节　《诗经》的编排 ………………………………… 77
　　第三节　《诗经》的思想内容 …………………………… 80
　　第四节　《诗经》的艺术特色 …………………………… 83
　　第五节　《诗经》学源流 ………………………………… 85

第六章　《仪礼》 ……………………………………………… 92
　　第一节　《仪礼》的成书 ………………………………… 92
　　第二节　《仪礼》的篇目和内容 ………………………… 94
　　第三节　《仪礼》学源流 ………………………………… 100

第七章 《礼记》············104
第一节 《礼记》的编者和成书············104
第二节 《礼记》的篇次和内容············107
第三节 《礼记》学源流············110

第八章 《春秋》和"三传"············114
第一节 《春秋》的含义············114
第二节 《春秋》的作者············117
第三节 《春秋》的影响············120
第四节 《春秋》三传的作者与传授············123
第五节 《春秋》三传的特点············128
第六节 《春秋》及"三传"学源流············132

第九章 《大学》和《中庸》············140
第一节 《大学》、《中庸》的名义············140
第二节 《大学》、《中庸》的作者············142
第三节 《大学》、《中庸》的本子············144
第四节 《大学》、《中庸》的思想内容············148

第十章 《论语》············152
第一节 孔子的生平············152
第二节 《论语》的名义和作者············154
第三节 《论语》的内容和孔子的思想············156

第四节 《论语》学源流 …………………………… 159

第十一章 《孟子》 …………………………………………… 163
    第一节 孟子的生平 ………………………………… 163
    第二节 《孟子》的篇目和作者 …………………… 164
    第三节 《孟子》的思想 …………………………… 167
    第四节 《孟子》学源流 …………………………… 169

出版后记 ……………………………………………………… 172

第一章 五经通论

第一节 什么是经

什么是经？这大概是学习、研究中国经书和经学的时候，首先会碰到的问题。然而，自古以来，关于"经"字的解释众说纷纭，迄今没有一个圆满的答案。所以，要想彻底明了这个问题，恐怕很不容易。当然，将"经"字意义的演变过程介绍给读者，对于大家了解经学的内容和实质，还是大有好处的。

"经"字由"巠"字演变而来。汉代许慎的《说文解字》说："经，织也。从系，巠声。"段玉裁注释说："织之纵丝谓之经。"可见，"经"字的本义并不深奥，不过是织品的直线罢了。以后，随着语言的发展，"经"字逐渐产生了引申义，并和书籍发生了关系。遗憾的是，这种关系的结合点我们还不得而知。"经"作为书名,最早见于《国语·吴语》的"挟经秉枹"。三国时的韦昭注解此句说:"经,兵书也。"清人俞樾否认这个解释,认为"经"不是指"兵书",而是指"剑把"。俞樾的这个解释也很勉强,似不足以推倒韦注。这一争论自然可以存而不论,但说明战国时期"经"作为书名或篇名,已经是比较普遍的事实了。如《墨子》有《经》上、下篇,《经说》上、下篇。《荀子·解蔽》篇引有《道经》,《韩非子》的《内储说》和《外储说》篇中,也有"经"。若据《墨子》来看,《经》只是一个论纲,《经说》则是对这个论纲的解释或用故事所作的证明和说明。很明显,《韩非子》的《内储说》和《外储说》分为"经"、"说"两部分,其体例完全来自《墨子》。所以,杨伯峻先生据此推断"经"这个名称"大概起于'墨经',而不起于孔子"[①]是很有道理的。

将孔子为代表的儒家著作称为"经",最早始于庄子。《庄子·天运》说:"孔子谓老聃曰:'丘治《诗》、《书》、《礼》、《乐》、《易》、《春秋》六经,自以为久矣。'"照此来看,"六经"这个名称似乎出于孔子之口。但是,《庄子·天运》属于《庄子》外篇,学术界一般认为系战国时期庄子后学的

[①] 杨伯峻《经书浅谈·导言》,中华书局,一九八四年七月,第二页。

假托之作，而不是庄子的作品，所以不尽可信。可见，"经"作为儒家书籍的代称，"应在战国以后"①。

当然，战国以后尽管有人将儒家书籍称为"经"，但"经"尚未成为儒家书籍的专名，直到汉武帝"独尊儒术"以前，其他学派或其他人的著作仍可自由地冠以"经"名。例如，《老子》到汉代邻氏次为经传。贾谊的《新书》中有《容经》。一九七二年长沙马王堆出土的帛书文献中，有《十六经》、《脉经》、《相马经》等。

"经"字地位上升并被神圣化，始于汉武帝时期。汉武帝即位以后，为了适应新的内外形势的需要，在政治上推行中央集权制度，在思想文化方面采取"罢黜百家，独尊儒术"的措施。这样，以孔子为代表而由董仲舒加工改造的儒家思想就成为占统治地位的思想，儒家著作，也就正式成了封建政权法定的经典。正因为如此，东汉的班固把地位空前上升的"经"解释为"常"。"常"就是封建统治的常道——天经地义，不可改易。应该说，这个解释接触到了封建经学的一部分实质。

汉代以降，随着经学的不断发展，高居群书之首的所谓

---

① 周予同《周予同经学史论著选集》，上海人民出版社，一九八三年十一月，第六五一页。

"经",被封建政权日益神秘化,甚至宗教化。它主要有下列特点:

① "经"是中国封建政府法定的儒家书籍。由于中国封建社会的发展和统治阶级的需要,"经"的范围逐步扩大,从汉代的"五经"、"七经"一直扩大到唐、宋的"九经"、"十三经"。

② "经"是以孔子为代表的古代儒家著作,但并不是所有的儒家著作都可以称为"经"。"经"是由中国封建政府从合法的儒家典籍中挑选出来的。

③ "经"是封建统治者实行专制统治的理论工具。

上述三点,第三点最为重要。千百年来,统治者关心"经"、表彰"经",目的就在这里。正是从这一点着眼,范文澜先生给"经"下了这样的定义:"经是封建统治阶级在思想方面压迫人民的重要工具。"[①]这个定义充分揭示了"经"的实质,比较而言,颇能让人接受。

[①] 范文澜《范文澜历史论文选集》,中国社会科学出版社,一九七九年四月,第二六五页。

第二节 六经与五经

上节说过,孔子所代表的先秦儒家的著作,正式被称为"经",并且被确切地指为"六经",始于《庄子·天运》。照这一篇所说的次序,"六经"分别是《诗》、《书》、《礼》、《乐》、《易》、《春秋》。据《庄子·天下》叙述,"六经"的性质是:"《诗》以道志,《书》以道事,《礼》以道行,《乐》以道和,《易》以道阴阳,《春秋》以道名分。"就是说,《诗》表达思想感情,《书》记述历史事实,《礼》讲周旋应对,进退揖让,《乐》讲声乐和谐,《易》讲阴阳变化,《春秋》讲君臣上下之道。可见,"六经"包含了儒家的全部主要思想内容。后人讲"孔子之道,具于六经"[①],也正是以此立论的。

从司马迁开始,"六经"又被称为"六艺"。《史记·滑稽列传》说:"孔子曰:'六艺于治一也。《礼》以节人,《乐》以发和,《书》以道事,《诗》以达意,《易》以神化,《春秋》以义。'"西汉末年的刘歆在编辑《七略》时,专设《六艺略》以著录儒家著作,从而将"九流诸子"区别于外。班固的《汉

[①] 吕思勉《先秦学术概论》,中国大百科全书出版社,一九八五年六月,第五二页。

书·艺文志》继承了这个办法。那么,"六经"为什么叫做"六艺"呢？今人吕思勉先生提出一种比较符合事实的解释。他说:"《诗》、《书》、《礼》、《乐》,本大学设教之旧科。邃古大学与明堂同物,《易》与《春秋》虽非大学之所以教,其原亦出于明堂。儒家出于司徒,司徒者,主教之官,大学亦属矣。"[①] 这些话旨在说明"六经"原来都是大学设立的学习科目。既然是学习科目,那么,如果从学者学习、掌握这方面来说,则"谓之六艺";从这些科目的教本来说,则"谓之六经"[②]。这个解释虽有测度的成分,但大体能够说通。

"六经"的排列次序,是经学史上争论较大的问题。意见基本分为两派:一派按《诗》、《书》、《礼》、《乐》、《易》、《春秋》的顺序排列。《庄子·天运》、《庄子·天下》、董仲舒《春秋繁露·玉杯》、《荀子·效儒》(按缺《易》)、《商君书·农战》(按缺《易》)、《礼记·经解》、《淮南子·泰族训》、司马迁《史记·儒林传序》,属于此派。另一派按《易》、《诗》、《书》、《礼》、《乐》、《春秋》的次序排列。班固《汉书·艺文志》、《汉书·儒林传》、《白

[①] 吕思勉《先秦学术概论》,中国大百科全书出版社,一九八五年六月,第六十——六一页。

[②] 同上。

虎通义》（按缺《春秋》）、许慎《说文解字序》、范晔《后汉书·儒林传》及陆德明《经典释文》等，皆属于此派。

不同的排列次序，说明两派奉行的标准不同，对"六经"思想内容的认识和理解不同。据周予同先生分析，前一派按"六经"内容程度的深浅排列，近似于学校排列课程。《诗》、《书》、《礼》、《乐》是普通教育的课程，所以排列在先；《易》、《春秋》是孔子的哲学、政治学的思想所在，可以说是孔子的专门教育或高级教育的课程，所以排列在后。① 后一派则按"六经"产生时代的早晚排列。据说《易经》的八卦由伏羲所画，时代最早，所以《易》列第一。《书经》有《尧典》，比伏羲晚，所以《书》列第二。《诗经》中最早的篇章是《商颂》，比尧、舜又晚，所以《诗》列第三。《礼》、《乐》相传周公所作，所以列在第四、第五。《春秋》是鲁史，经过孔子删订，所以列在第六。

汉代以来，文献上屡见"六经"、"六艺"的名称。但"六经"（或"六艺"）实存《诗》、《书》、《礼》、《易》、《春秋》"五经"，而缺《乐经》。《乐经》何在？后人有过各种推测，主要意见有两种：（1）《乐经》亡佚说。唐人徐坚等著《初

---

① 《周予同经学史论著选集》，上海人民出版社，一九八三年十一月，第八页。

学记》说:"古者以《易》、《书》、《诗》、《礼》、《乐》、《春秋》为六经。至秦焚书,《乐经》亡,今以《易》、《诗》、《书》、《礼》、《春秋》为五经。"(2)《乐》本无经说。清人邵懿辰的《礼经通论》说:"《乐》本无经也。……夫声之铿锵鼓舞,不可以言传也。可以言传,则如制氏等琴调、曲谱而已。……《乐》之原在《诗三百篇》之中,《乐》之用在《礼》十七篇之中。……欲知《乐》之大原,观《三百篇》而可;欲知《乐》之大用,观《十七篇》而可,而非别有《乐经》也。……周秦间六经、六艺之云,特自四术(按,此指《诗》、《书》、《礼》、《乐》)加《易》、《春秋》耳。"

这两种说法针锋相对,互不相让。不过,无论怎样,汉代的人见到和传习的,汉武帝时立于学官的都是"五经",即:

《诗》——周初到春秋时代的乐歌。

《书》——商周时期政治文献的汇编。

《礼》——即《仪礼》,贵族实际生活的记录。

《易》——卜官的占卜书。

《春秋》——最早的编年体史书。

第三节 五经的确立与变化

先秦以前，《诗》、《书》、《礼》、《易》、《春秋》五经，虽得到比较广泛的传播，但并没有引起统治者的特别重视。秦始皇统一六国，仍旧崇奉荀韩一派的刑名法术思想，"五经"非但没有派上体国经野的用场，反而被付之一炬（除《易》）。汉兴，国家残破，社会凋敝，"休养生息"、恢复国力是当务之急，为此，统治者选择了秦汉之际颇为兴盛的黄老之学作为统治思想。虽然叔孙通、张苍这样的大儒也曾担当过制礼作乐的大任，但总体看，儒者不过"具官待问"[①]而已。从汉景帝开始，儒者的命运有所好转。景帝本人虽"好黄老道家言"[②]，但对儒者尚能宽容，于是，朝野的儒学势力开始抬头。他们广收徒众，口授心传，在社会上形成传习"五经"的新风气。

汉武帝即位后，面对新的社会形势，打算更化改制，以实现其宏伟的政治理想。奉行了七十来年的黄老之道，这时已大不合时宜，当然在应改之列。经过深思熟虑后，汉武帝

---

① 《史论·儒林传》，中华书局点校本。
② 熊铁基《秦汉新道家略论稿》，上海人民出版社，一九八四年三月，第一四八页。

决定尊儒黜道。于是,他下诏请天下策议此事。善于机变的董仲舒揣摩到汉武帝的心怀,便写了三篇策议,即著名的"天人三策",把不便于汉武帝明言的话和盘托出。他的结论是,"诸不在六艺之科、孔子之术者,皆绝其道,勿使并进。邪辟(僻)之说灭息(熄),然后统纪可一而法度可明,民知所从矣。"①这几句话的核心,就是"罢黜百家,独尊儒术"。汉武帝欣喜地接受了董仲舒的建议,并于建元五年(公元前一三六年)正式设置五经博士。从此,"五经"被奉为神圣不可侵犯的经典,儒学(实际也就是经学)成为危然独尊的官学。

经过秦始皇焚书坑儒之后,"五经"在民间的传授多系口耳相传。由于记忆不准确或口音听不清楚等原因,形成不同的师法和家法,而师法和家法是不可随意改变的。根据这一特点,汉武帝时初设五经博士,即规定"各以家法教授"②。后来增设博士时,这个规定被继承下来。终西汉之世,共设立了十四个博士,即:

《易》博士三:施氏(施雠)、孟氏(孟喜)、梁丘氏(梁丘贺)。

---

① 《汉书·董仲舒传》,中华书局点校本。
② 《汉书·儒林传》,中华书局点校本。

《书》博士三：欧阳（欧阳生）、大夏侯（夏侯胜）、小夏侯（夏侯建）。

《诗》博士三：鲁（申培）、齐（辕固生）、韩（韩婴）。

《礼》博士三：大戴（戴德）、小戴（戴圣）、庆氏（庆普）。

《春秋》博士二：颜氏（颜安乐）、严氏（严彭祖）。

"五经"皆立博士，但各经并不是没有等差。"五经"中最受汉武帝重视的是《春秋公羊传》。因为《公羊传》强调大一统、强调华夷之别、强调尊主弱臣、强调复九世之仇。这些观点不仅合汉武帝的胃口，而且为汉武帝实行更化改制的政治措施提供了理论根据。范文澜先生说："汉武帝独尊儒术，归根到底是尊《公羊》。"[①] 这个见解是非常正确的。

西汉立的十四个博士都是今文经博士。今文相对古文而言。因为汉初经师所传的"五经"，皆用当时通行的隶书写定，故叫今文经，而用周秦文字抄写的，则叫古文经。古文经出现较晚。汉哀帝时刘歆继父刘向任整理皇家图书职官时，发现了《古文尚书》、《逸礼》、《左氏春秋》等古代典籍。他要求立于学官，但遭到今文经博士的激烈反对。于是，他

---

① 范文澜《范文澜历史论文选集》，中国社会科学出版社，一九七九年四月，第三一〇页。

写了《让太常博士书》予以反击，从而拉开了经学史上今古文争执论辩的帷幕。王莽篡汉，出于学习周公"制礼作乐"的政治需要，大力佑助古文经，《周礼》、《春秋左氏传》、《毛诗》、《古文尚书》开始正式立于学官。

光武帝上台，尽罢古文经，以致东汉一朝，不得再立。今文经理所当然受到政府的尊崇、褒奖，但古文经也没有被扼杀，古文经学者照样可以做官，可以授徒讲学。由于古文经内容丰富、新颖，东汉时期诵习研究古文经的风气极浓，出现了许多古文经学大师。其中马融、郑玄二人成就最大。马融学问广博，兼通各经，又降帐设教，门下有好几千学生。他为群经作注，首开今古文会通的先河。郑玄是马融的学生，博习古文、今文和谶纬之学。他采用今文家的长处遍注群经，从而混淆了经今古文的家法，结束了长期以来今古文水火不容的局面，对两汉经学进行了比较圆满的总结。此后，今文经学便由郑学[①]取而代之了。

郑学的特点是重视文字训诂，注意条贯经文的本字本义，而对经书义理的阐发、思想的发挥则不甚留意。这个特点的形成，本是矫正今文经学繁琐、浮华学风的结果。但因矫枉

[①] 张舜徽先生有《郑学丛著》一书，专论"郑学"。

过正又出现新的偏蔽。所以，魏晋时期，在玄学的影响下，儒学对传统经学进行了一番改造。王弼注《易》、何晏注《论语》、杜预注《春秋左传》、梅颐作《伪古文尚书》、范宁注《春秋谷梁传》。这些书既讲文字训诂，也谈章句义理。尤其像王弼的《易注》、《易略例》，阐释了不同于汉儒的哲学，令人耳目一新。这些书问世后，除郑玄的《三礼注》等书尚足以自立外，汉代的经今古文学者所作的注几乎都被打倒了。

南北朝时期，学术与政治一样分为南北。大体上说，南方继承了魏晋学风，北方继承了东汉的学风。南方通行的是王弼注的《周易》、杜预注的《春秋经传集解》、何休注的《公羊传》；北方通行的是郑玄注的《周易》、《尚书》，服虔注的《左传》。《毛诗》和《三礼》则南北都通行郑氏。《隋书·经籍志》所谓"南学简约，得其英华；北学深芜，穷其枝叶"，基本上反映了当时南北学的特点。

隋文帝统一南北，学术随着政治也实现了统一。统一后的经学基本上以南学为主，以北学为辅。到唐太宗时期，一则因儒学多门、章句繁难，不利于学者；再则因经分南北，考试困难，所以诏国子祭酒孔颖达与诸儒撰定《五经正义》，凡一百八十卷。全书修成未等颁布，博士马嘉运指摘书中的失误，于是诏命重新修订。高宗永徽二年（公元六五一年）

再次诏命儒臣考证增删。到永徽四年开始正式颁行,并作为明经科考试的依据。《五经正义》确定的注疏是:

《周易正义》十六卷(用王弼注)

《尚书正义》二十卷(用伪孔传)

《礼记正义》七十卷(用郑玄注)

《毛诗正义》四十卷(用毛传郑笺)

《春秋正义》三十六卷(用杜预注)

从《五经正义》来看,唐代的"五经"与汉代的"五经"具有明显的不同。汉代的"五经"都是今文经,而唐代的"五经"则包含了古文经(《毛诗正义》、《春秋左传》)。汉代"五经"中的《礼》指《仪礼》,而唐代则指《礼记》。《礼记》地位的变化,反映了儒家思想在历史发展的不同时期所发生的变化。

《五经正义》的刊布,是中国经学史上的一件大事。它是官书,成于众手,舛误、错谬之处颇多。但是,它保存了汉魏时期的许多旧籍,为后世的学术研究提供了丰富的宝贵资料,从这个意义上说,它的价值是很大的。所以,清末的皮锡瑞说:"学者当古籍沦亡之后,欲存汉学于万一,窥郑君之藩篱，舍是书而无征。"① 此外，《五经正义》的颁行，不仅使经学真正实现了南北学的统一，而且使新的"五经"确定下来，成为后世尊行的标准或依据。

宋遵唐制，明经取士仍以《五经正义》为宗。但是，在宋代深重的内忧外患的时代背景下，宋儒在传统经学的范围内，根据儒家的思想材料，创立了宋学。宋学以崇尚伦常、探究义理为特征，与所谓汉学有很大的不同。在宋学家的推动下，儒家的《论语》、《孟子》、《大学》、《中庸》成为"四书"，与"五经"并驾齐驱。此后"四书"日益隆盛，风靡元、明、清三朝，而"五经"则逐渐衰落下来。明永乐十二年（公元一四一四年）敕儒臣胡广等修《五经四书大全》。应当说，这是继《五经正义》之后的又一盛举，尽管"五经"在这里不过是"四书"的陪衬而已。

第四节 五经的体裁

"五经"的体裁各不相同，而"五经类"书籍的体裁，其差别就更大。不同的体裁表现了书籍的不同体例，不同内

---

① 皮锡瑞《经学历史》，中华书局，一九八一年八月，第二〇七页。

容。了解和掌握这些体裁各自的特点，对于经书的学习和研究具有重要意义。经书的体裁种类繁多，其中最主要的大约有十一种。下面分别述之：

其一传 "传"是传述的意思。据说孔子喜欢诵读《易经》，曾作过十篇解释《易经》的文字，后人称为"十翼"，又称为《易大传》。一般认为，传的起源，以此为最早。后世采用这一体裁写作的东西很多，因各书的体例不同，在内容上又有一定的差别。有的是论述本事、证发经义的，如《春秋左传》；有的是阐明经中大义的，如《春秋公羊传》、《春秋谷梁传》；有的是依照经文逐字逐句解释的，如《毛诗诂训传》；有的是抛开经文而别自为说的，如《尚书大传》。此外，还有一种"采杂说，非本义"的体例，叫做"外传"，如《韩诗外传》。

其二说 "说"是解释的意思。据《汉书·河间献王传》称"献王所得，皆经、传、说、记，七十子之徒所论"来看，"说"的体裁，起源也很早。它的内容，大约以阐说大义为主。这种体裁盛行于西汉，根据《汉书·艺文志》著录的书籍看，《易》有《五鹿充宗略说》，《书》有《欧阳说义》，《诗》有《鲁说》、《韩说》。《礼》有《中庸说》、《明堂阴阳说》，《论语》有《齐说》、《鲁夏侯说》、《鲁安昌侯说》、《鲁王骏说》、《燕传说》等等，东汉以后，古学兴盛，今文家习用的这种体裁便不再流行了。

其三故　"故"字也作"诂",是以现代语言解释古代语言的意思。《汉书·艺文志》著录的此类书籍有《鲁故》、《齐后氏故》、《齐孙氏故》、《韩故》等。这些书都是解释《诗经》的,都不传于后世。保存在《五经正义》中的《毛诗故训传》,是唯一一部可以窥见汉人"故"这种体裁特点的著作。

其四训　"训"也是解书的意思,其体例与"故"相近,以疏通文义为主。何晏《论语集解序》称:"古《论》,惟博士孔安国为之训解,而世不传。至顺帝时,南郡太守马融,亦为之训说。"这里提到的"训解"、"训说",都是解释的别名。汉人高诱为《淮南子》作注时,每篇篇题下加一"训"字(除《要略》),也就是这个意思。

其五记　"记"是疏记的意思。《礼记》是这种体裁最典型的书籍。《礼记正义》说:"记者,共撰作闻,编而录之。"说明"记"的功用与"传"、"说"相近。《汉书·艺文志》著录的"记"主要有刘向的《五行传记》、许商的《五行传记》,可惜这些书都亡佚了。

其六注　"注"取义于灌注。文义艰深,须解释才能明了,其道理就如同水道阻塞,必灌注才能畅通一样。这种体裁由后汉郑玄推广光大,成为以后最常见的一种解释形式。郑玄曾遍注群经，留传到今天的尚有《周礼注》、《仪礼注》和《礼记注》。"注"字也作"註"，二字音义并同。

其七解　"解"是分析的意思。汉人的这类著作有两种：一种叫做"解谊"，如后汉服虔的《春秋左氏传解谊》。另一种叫"解诂"，如后汉郑兴、卫宏、郑众、贾逵诸家的《周官解诂》，卢植的《礼记解诂》，贾逵的《左氏传解诂》、《国语解诂》等。保存到今天的"解诂"体著作是何休的《春秋公羊传解诂》。

其八笺　"笺"是表识的意思。此体由郑玄首创。郑玄说诗，宗崇《毛传》。如果《毛传》讲得不很明显，或太简略，郑玄则加以补充发挥；如果自己对《毛诗》还有不同的见解，便记下自己的意思，列在后面，不和《毛传》相杂。这样的一种体裁就叫做"笺"。"笺"的体裁在后世颇为流行，学者用此写下许多解经著作。

其九章句　"章句"也指传注言。这种体裁盛行于两汉，为经师讲经所习用。清人沈钦韩的《汉书疏证》说："章句者，经师指括其文，敷畅其义，以相教授。"这个解释非常正确。后世流行的"讲义"、"讲疏"、"讲章"，推其根源，皆由"章句"所出。因"章句"主要用于授徒，自不免繁琐细碎的毛病。这一点，前汉的今文学家表现最为突出，所以后汉时，"通人恶烦，羞学章句"。汉人"章句"类的写作保存到今天的只有赵岐的《孟子章句》，从中可以看出"章句"的一些特点。

其十 集解 "集解"即把众家之说荟萃一处的意思。根据古人采用此名编写的著作来看，有两种体例：一种是"集诸家之说，记其姓名，有不安者，颇为改易"①，如何晏的《论语集解》、范宁的《春秋谷梁传集解》便是。从这一体例又发展出"集注"、"集释"、"集说"等体例。另一种是"聚积经传，为之作解"②，如杜预的《春秋经传集解》便是。

其十一 义疏 "义疏"也指注疏言，它的体例与"集解"相近，盛行于六朝时期。"引取众说，以示广闻"是它最主要的特点。在它的基础上，唐代出现"正义"。所谓"正义"即是在最高统治者的指导下，将经义定于一宗的意思。它的特点是例不破注，只在旧注的基础上引申发明，而没有不同的解释。唐代把官修的"五经"义疏称为"正义"，私人的注释之作称为"疏"，如贾公彦的《周礼疏》、《仪礼疏》。后世多将二者统称为"疏"。

---

① 何晏《论语集解序》，《十三经注疏》本。
② 孔颖达《春秋左传正义》，《十三经注疏》本。

第五节 五经与中国文化

一个民族的政治结构和文化面貌的形成，经济基础固然发挥着决定性的作用，但是上层建筑的反作用也不可忽视，特别像中国这样的具有长期封建传统的国家，后者的作用甚至更为明显。自从汉武帝设立五经博士，将经学奉为官学以后，"五经"受到历代统治者的高度重视，从而在政治、思想、学术等方面产生了重大而深远的影响。中国的历史最终选择了不同于西欧，又不同于印度的发展道路，中华民族最终形成了一种独特的民族精神，应当说与"五经"的思想影响有一定的关系。下面兹从政治、思想、学术三个方面加以简要的论述。

一、"五经"与政治

汉武帝以后的封建统治者，之所以把"五经"独立于诸子之外，关键是因为，在他们看来，"五经"不是别的，而是符合封建统治需要的"政治论"。于此，我们可以明白同为儒宗的荀子，为什么"文庙里面的冷猪头肉"[①]却没有他的份。"五经"中所包含的政治主张有许许多多，但最重要

---

① 郭沫若《郭沫若全集》（历史编二），人民出版社，一九八二年九月，第二五一页。

的是三条：

第一，大一统。所谓"大一统"，即建立统一的国家、统一的政治制度和统一的思想文化。这个主张出自《春秋》，《公羊》家对此说最为重视，详尽地阐发了其中的微言大义。汉武帝根据这一主张，在政治、经济、思想文化方面采取各种强有力的措施，促进西汉封建帝国的统一，加强刘姓王朝的统治。此后，中国历史分裂割据的局面虽然屡次出现，但大一统思想已经深入人心，消除割据实现统一，成为共同奋斗的目标。而历史也反复证明，统一的政权、统一的国家，的确有利于政治稳定、经济发展和社会进步。

第二，强调华夷之辨。"华"指华夏，"夷"指"夷狄"，即居住在华夏周边的少数民族。"五经"中的《春秋》，对此倡导最力。《春秋》认为华夏之邦是文明华胄之国，而四裔的夷狄不过是"披发左衽"的野蛮部族。为了保持华夏的文明和尊严，必须斥夷狄而远之。正是从这一认识出发，《春秋》对齐桓公、管仲抗御夷狄入侵，保护华夏之邦的功绩给予高度的评价。"华夷之辨"的原则，为秦汉以后的绝大多数王朝所遵行，统治者以此决定自己的内政和外交政策。然而，这一方面固然有它的积极因素，但给中华民族带来的消极影响也非常大。妄自尊大、"详内略外"是最基本的表现。特别是明清以后，西方列强迅速崛起，无论经济、政治都明显地走到我们前头。对此，我们不注意认识、研究，反而仍以"夷狄"视之，希望继续通过"华夷之辨"的强调，来保持至尊的天朝地位。结果，鸦片战争败得一塌糊涂，从而逐步陷入半殖民地半封建社会的深渊。

第三，提倡改制更化。以孔子为代表的先秦儒家学派的历史观，在"五经"中得到充分的反映。他们认为，历史是向前发展的，社会的礼乐造作，后代往往胜过前代。这一进步的历史观经过董仲舒以天道循环的理论加以改造，变成"三统说"：殷礼不同于夏礼，周礼不同于殷礼。既然三代的情况如此，那么后世则尽可以进行"改正朔，易服色"的政治举措。汉武帝即根据这一理论，进行了一系列大胆的政治改革。后来的统治者以此为例，每当其统治走向困境时，就以"五经"的改制理论为依据，实行政治改革。而一些具有进步思想的臣民，为了谋求政治改革，推动社会进步，也常常以此为武器，来清除改革过程中的各种障碍，实现自己的政治目的。直到清末的康有为组织维新运动，仍是从批判所谓"伪经"入手，可见"五经"的改制理论影响之深远。

二、"五经"与思想

"五经"是儒家的主要经典，也是中国传统思想的基本材料。"五经"所宣扬的系统的政治观、社会观、历史观和伦理道德,是中国传统思想的非常重要的成分。历代统治者在运用"五经"的思想观念论证其统治的合理性的同时,也就顺便利用"五经"的消极思想愚弄和麻醉人民,从而维护其封建专制统治。由于历代统治者不懈的宣传和灌输,在讲授"五经"的过程中,像"三纲五常"、"三从四德"、"忠孝节义"之类的消极东西,不仅深深地渗入莘莘学子的心田,而且普通的匹夫匹妇也大受感染。经过潜移默化,这些思想观念已经成为普通老百姓日常生活的信条。千百年来,中国人民饱受反动政权的压迫、蹂躏而不得翻身解放,中华民族在封建社会黑暗而漫长的道路上艰难地踯躅而难求新生,与这些精神枷锁的束缚有着密切的关系。在调和阶级矛盾、消磨人民的反抗意志方面,"五经"的确发挥过特殊的作用。五四运动中,新青年们"打倒孔家店"的呼声之所以震天撼地,那是因为他们有过深受经书毒害的切肤之痛。

然而,"五经"当中不尽糟粕。这一点,东汉时期杰出的唯物主义思想家王充已经有所认识。在"五经"这个复杂的杂糅体中,既包含着大量封建主义的毒素,也蕴藏着许多唯物主义和民主思想的精华。中国古代出现的许许多多的唯物主义思想家和无神论思想家,都曾经从"五经"优秀思想的精华中汲取过营养，在他们的进步思想的形成过程中，"五经"为他们提供了最基本的思想素材。不仅如此，像"刚健有为"、"中和济事"、"崇德利用"、"天人协调"这些中华民族的民族精神的积极方面，也多来自"五经"。中华民族最终形成坚韧不拔、自强不息的民族品格和从容镇定、雍容大度的民族风貌，毫无疑问，"五经"也发挥了它的作用。

三、"五经"与学术

"五经"是经学的主干，而经学是中国古代学术门类中一个庞大而成熟的学科，千百年来，名家辈出，著作林立。经学的繁荣和发展，极大地带动和促进了小学、史学、文学和哲学等一系列相关学科的进步和提高，在中国古代学术发展的进程中，发生了重大影响。下面只就"五经"在小学、史学及文学等方面的影响加以简单的叙述。

小学：就是文字、音韵、训诂之学。它完全是经学的产物。前面谈过，"五经"分为今文经和古文经。古文经用先秦文字写成，形义古奥，汉代的一般学者已经难以读懂。有鉴于此，从刘歆开始，就把解经的重点放在文字和名物制度的解释上。东汉，古文学大兴，刘歆所开创的新的学风进一步得到发扬光大。在这样的环境中，诞生了我国第一部字典——《说文解字》。此外，经近现代学者考证，我国第一部词典——《尔雅》，并非周公所编，而是成书于汉代。读经离不开辞书的指导。由于《说文解字》和《尔雅》二书与"五经"具有密切的关系，所以后来《说文》和《尔雅》都上升到"经"的地位，备受学者尊崇。这客观上推动了小学的发展。特别是到了清代，《说文》、《尔雅》各自成学，盛极一时。段玉裁、朱骏声、王筠、桂馥号称"《说文》四大家"；其著作《说文解字注》、《说文通训定声》、《说文释例》、《说文义证》，深受学术界推崇。而郝懿行的《尔雅义疏》也因考证精湛、取证翔审而博得一片喝彩声。清代小学的发展又反过来有力地促进了经学的进步。清代经学之所以能够完成许多总结性的成果，关键在于经学完全建立在深厚的小学的基础之上。

史学：如果把"五经"从神圣的祭坛上请下来，剔除其厚重的油彩，摘下其神秘的光环，彻底重现其本来面貌，那么"五经"不过是记述上古和周秦历史的史料而已。清人章学诚的"六经皆史"说并无大过。"五经"之中，《春秋》本来就是史书。《尚书》、《周易》、《诗经》、《仪礼》、《礼记》等书虽非史书，但所含的材料和内容完全可以作为史料运用，从中可以考知夏商周秦诸代社会的政治、经济和文化等方面的情况。古代司马迁和现代的郭沫若，在这方面都成功地进行了尝试，留下不朽的作品。他们的优良学风，使新的史学工作者深受教益。伴随史学观念的不断更新，当代史学界利用经书材料和经学研究成果研究历史，已经蔚然成风，并取得不少可喜的成果。

文学：中国文学源远流长。从某种意义上来说，"五经"即是中国文学之源。《诗经》是中国古代第一部诗歌总集。无论从它的思想内容来看，还是从它的表现手法、艺术技巧来看，《诗经》中的诗歌创作都达到了很高的水平。《诗经》的辉煌成就，对后来的诗歌创作产生了重大影响。从屈原到杜甫，许多伟大的诗人，都从《诗经》获取了丰富的养料。汉赋、唐诗、宋词、元曲，形式层出，高峰叠起，都与《诗经》的影响有一定关系。《尚书》是中国最古老的散文作品，文辞简奥，风格峻拔。它的许多语词和句子，早已变为典雅的成语和富有哲理的格言，被熔铸在历代文人的作品当中。它的起伏跌宕、情理交融的写作特点，也在后来的散文创作中得到充分的吸收。《左传》是中国叙事文学的鼻祖。在战争的描写方面，在人物的塑造和刻画方面，《左传》有独到的成就。它为后来的传记文学和小说创作，提供了用之不竭的宝贵经验。

此外，"五经"与目录学、石刻艺术、书法艺术、印刷艺术都有密切的关系，并对它们的发展发挥了重要的作用。

第二章 四书通论

第一节 四书的出现

"四书"是《大学》、《中庸》、《论语》、《孟子》四部书的总称。它们原是先秦旧籍,但经过唐宋诸儒,特别是二程(程颢、程颐)、朱熹的表彰拔擢,地位骤然提高,并被冠以"四书"之名,而与"五经"并驾齐驱。也许人们会觉得此事奇怪,但是假如明白了"四书"的发迹历史,就会感到这一现象的出现并不是偶然的,实际上其中隐含着深刻的思想根源和社会根源。

《论语》主要是记述孔子言行的书。据说汉文帝时曾立为博士。刘歆编《七略》时,将它附于《六艺略》之末,地位高于诸子。但终汉之世,它不过是儿童的蒙训教材。尽管拥有广泛的读者,然而并未受到统治者特别的眷顾。曹魏时期,玄风泛起，何晏等名士为《论语》作注，《论语》因而名重一时。唐代后期，扩大经书范围，《论语》开始跻身"经"的行列。

《孟子》是记述孟轲言行以及他和时人或弟子互相问答的书。由于儒家思孟一派在西汉时未走红运，因此《孟子》这部书也备受冷落。东汉的赵岐说，汉文帝时《孟子》也曾立为博士。然而，此事不见他书记载，故人们不太相信。从《汉书·艺文志》将其列于"诸子"之后的情况看，孟轲其人及《孟子》其书大约确实不被汉人重视。这种状况一直延续到唐代，在《旧唐书·经籍志》或《新唐书·艺文志》中，《孟子》始终没有脱离子书的地位。

尽管《孟子》的官学地位在唐代没有得到确立，但从唐代中后期开始，社会上涌现出一股尊孟思潮。韩愈、李翱师徒二人的呼声最高。韩愈写了《原道》、《原性》等篇，讨论"道统"问题，认为从尧、舜、禹、汤到文、武、周公、孔子、孟轲，道统一脉相承。李翱写了《复性书》三篇，畅论"性"、"情"、"诚"、"圣人"和"修养成圣"的问题。韩、李的这些努力，为宋学开出端绪、奠定基础。

宋代，《孟子》的地位逐渐上升。王应麟《玉海》说："国朝以《孟子》升经，并《论语》、《孝经》为三小经。"陈振孙的《直斋书录解题》径将《孟子》和《论语》并列，著录在经部。当然《孟子》由子升经，并非一帆风顺。北宋著名思想家李觏就持不同意见，他写了《常语》一文，首先批判《孟子》。他认为"孟子者，五霸之罪人也"，不应该尊崇，韩愈的"道统"说，也不符合事实。与李觏同道，郑叔友、司马光、冯休、晁补之也反对尊奉《孟子》。他们分别写了《艺圃折中》、《疑孟》、《删孟子》和《诋孟》，指斥《孟子》。这当然不能使尊孟派服膺。以二程为首的尊孟派便起而反击，竭力表彰孟轲和《孟子》。另一位学者余隐之追随二程，以《尊孟辩》一文反驳李觏等人的意见。这场争论历时弥久，直到南宋的朱熹作出《读余隐之尊孟辩》这篇总结性的文章，这场争论方告结束。结果，当然是尊孟派获胜。此后，为稳固《孟子》的经典地位，朱熹等人又作了大量的理论铺垫，最终把《孟子》的地位稳定下来。

《大学》和《中庸》在西汉时收入《小戴礼记》。据郑玄注本，《大学》是《礼记》的第四十二篇，《中庸》是《礼记》的第三十一篇。由于汉代重《仪礼》，轻《礼记》，所以这二篇长期以来不甚被人重视。唐代中后期，韩愈、李翱推崇孟子的同时，也开始大赞《大学》和《中庸》，认为它们的地位可以和《孟子》、《易经》齐等。到了北宋，司马光承韩、李的余绪，著《大学广义》、《中庸广义》加以表彰。《中庸》

过去曾经单篇别行,而《大学》单行实始于此。到了二程,对《大学》、《中庸》益加推崇。认为《大学》是孔氏遗书,"初学入德之门也";而《中庸》则是"孔门传授心法"。他们不仅从理论上论证和肯定它们在儒家经典中的地位和价值,而且亲自动手,重新编次了《大学》的章次。朱熹对二程的做法大加赞赏。他继承了二程的衣钵,一方面撰文从理论的高度对《大学》、《中庸》给予肯定;另一方面倾注大量的心血为之作注。终因朱熹的努力,《大学》和《中庸》最后上升到"经"的地位,与《论语》、《孟子》比肩而立。随着朱熹的《四书章句集注》的完成,"四书"这一名称终于宣告成立。

那么,以二程和朱熹为代表的道学先生为什么要竭尽心力表彰"四书"呢?这个问题恐怕需要从宋代日趋激烈的阶级斗争和儒释之争两个方面来回答。

大家知道,宋代由于民族矛盾和阶级矛盾的双重作用,农民阶级和地主阶级的斗争十分激烈。为反抗地主阶级的压榨剥削,农民多次组织大规模的起义,以反抗地主阶级的统治。目前史学界也一致公认,宋代是中国古代发生农民起义次数最多的朝代。为了巩固封建统治,宋代的统治者采取两手政策,一方面运用武力加强镇压;另一方面利用儒家的纲常伦理,愚弄和麻醉人民,从而从思想深处消除老百姓的斗争意识,束缚他们的反抗行动。在这样的政治背景下,理学迅速兴起,以适应统治者维系精神支柱的需要。要宣传纲常伦理,要号召道德修养,没有传统的思想材料,是不足以服膺人心的。可是"五经"中,只有《礼记》的《大学》、《中庸》二篇这方面的内容较为充实。于是,这二篇就被抽出来,和《论语》、《孟子》配在一起,构成封建的纲常理论的渊薮。

此外,从东汉传入,经魏晋南北朝隋唐诸朝得到迅猛发展的佛教,到了宋朝,不仅取得僧徒的尊信,而且将越来越多的士大夫吸引过去。面对佛教势力扩张,儒学地盘收缩的不利形势,以维护儒家正统地位为己任的程朱等人,起而力争,努力恢复儒学的尊严,绌退佛教的势力。然而他们深知,要击退佛教,永远保持儒学的支配地位,单靠"五经"是不足为功的。原因是"五经"中关于哲学问题的谈论比较薄弱,远不如佛典博大精深。因此,寻找能和佛教抗衡的武器成了宋人的急务。经过一番努力,他们终于发现了"四书"。在他们看来,《中庸》所提倡的"中",是儒学本体论的核心;《大学》所叙述的"致知格物",是儒学方法论的探求途径;而《论语》、《孟子》则体现着神圣的道统。这样,"四书"就构成一个完整的哲学体系,以与佛典抗衡。

第二节　朱熹与《四书集注》

朱熹字元晦，又字仲晦，晚年自称晦庵。他的先世是现在江西婺源人。宋高宗建炎四年（公元一一三〇年），他生于闽南尤溪。绍兴十八年（公元一一四八年），他十八岁，考中进士，旋授泉州同安主簿。此后，曾任南康军知府、提点江西刑狱、潭州知府、焕章阁待制等职。他年轻时即主张抗击金人侵略者，收复失地，彻底扭转南宋朝廷偏安一隅的窘困局面。中年以后，此志虽有所改变，但他并未和投降派同流合污。正因为如此，他屡遭当权用事者的排陷打击，在仕途上很不得意。既然经邦治国的宏伟抱负难得实现，他就把精力投向道学的研究上，从事著述与讲学。

朱熹的道学受自李侗。李侗字愿中，南剑州剑浦人，是程颐的三传弟子。朱熹的父亲朱松与李侗是同门之友，素相敬重，就派朱熹执弟子礼，跟随李侗学习。通过李侗的媒介，朱熹全部继承了二程的所谓"伊洛之学"。为了建构新的道学体系，朱熹进一步对经学、史学、文学等文化典籍进行广泛研究，从而完成《朱文公文集》、《朱子语类》、《四书章句集注》、《太极图说解》、《通书解》、《西铭解》等一大批重要的著述。他是中国封建社会后期一位博学的、思想影响深远的唯心主义思想家。

在朱熹的诸多著述中,对南宋以后中国社会政治产生最广泛、最深远影响的首推《四书章句集注》一书。前面已经说过,从唐代的韩愈、李翱开始,表彰"四书"逐渐形成一种风气。进入宋代,此风益盛。像周敦颐、邵雍、张载、二程兄弟等人,都在这个方面贡献了力量;其中二程的贡献尤为突出。正是经过二程的努力,《大学》、《中庸》才正式与《论语》、《孟子》并行。但是也应当看到,尽管北宋学者为"四书"做了大量工作,确实给朱熹日后理董"四书"创造了良好的条件,然而这些工作并不是十分系统、十分完整的,与社会政治的需要尚存在着一定的距离。而朱熹则充分吸取前辈们的研究成果,殚精竭虑,著成《四书章句集注》,使前贤的未竟之业圆满完成。

《四书章句集注》原名《四子》,正式刊布于宋光宗绍熙元年(公元一一九〇年)。《大学》、《中庸》的注释称为"章句",《论语》、《孟子》的注释因较多地引用二程、程门弟子及其他人的说法,称为"集注",后人合称为《四书章句集注》,简称《四书集注》。据朱熹年谱的记载和清人的考订结果,《四书集注》的成书顺序是《论语集注》、《孟子集注》在前,《大学章句》、《中庸章句》在后。

《论语集注》、《孟子集注》皆完成于淳熙四年（公元一一七七年），但准备工作则经历了相当长的时间。早在朱熹三十六岁时，即孝宗隆兴元年（公元一一六三年），就编了一部《论语要义》。此书不传，现在只留下一篇序文，收在《晦庵文集》即《朱文公文集》中。据序文看，此书完全以二程之说为断，对"古今诸儒之说"，凡不合二程精神的，全部删去。此书学术性较强，"殆非启蒙之要"，为了"便于童子之习"，他在这部著作的基础上，又写了《论语训蒙口义》。这部书的成书时间不详，现在有的学者推测在隆兴元年后不远的时间①。根据朱熹的《论语训蒙口义序》可知，该书的体例是"一句之义，系之本句之下；一章之指，列之本章之右"。这种体例为日后的《论语集注》提供了最基本的蓝本。此外，朱熹曾于宋孝宗乾道八年（公元一一七二年）完成《语孟精义》。此书主要将二程所谓发明《语》、《孟》之说，搜集在一起，加以注释，书后附录了观点与二程相同的九家说法。这部书先刊行于建阳，后经过增补，淳熙八年（公元一一八一年）重刻于南康，改名为《语孟要义》，后又改为《语孟集义》。此书完全以二程的理学思想为宗旨，是《论

---

① 邱汉生《四书集注简论》，中国社会科学出版社，一九八〇年八月，第二八页。

语集注》和《孟子集注》最切近的前身。朱熹曾说:"《集注》乃《集义》之精髓。"①可见,《论语集注》、《孟子集注》的体例和精神实质与《论孟集义》是一致的,只是更加凝炼和精粹而已。在《论孟集义》的基础上,淳熙四年,《论语集注》和《孟子集注》最后完成。

《大学章句》、《中庸章句》的具体成书时间不详。淳熙十六年(公元一一八九年)春,朱熹为这二部书作序。据此,估计成书时间就在淳熙十六年左右。《中庸章句》一仍原文旧貌,未作什么改动,《大学章句》则分别经、传,颠倒旧次,补缀缺文,做了许多考订工作。

《四书集注》的主要目的是为了借《语》、《孟》、《学》、《庸》四部书来宣扬程朱理学。正因为如此,"四书"的注释主要是从整体上把握和阐释孔孟的思想意旨,而不以考释名物制度为主。当然,这并非说《集注》全书不关心名物训诂,文字解释。朱熹曾说:"某所解《语》、《孟》,和训诂注在下面,要人精粗本末,字字为咀嚼过。"②详审注释,这话是可信的。其实,朱熹对于旧注的文字训诂,确曾下过

---

① 见《朱子语类》卷十九,转引自《四书集注简论》第二九页。
② 《年谱》庆元三年引,转引自《四书章句集注》的《点校说明》,中华书局,一九八三年十月。

很深的功夫。哪些采用,哪些舍弃,都曾经过仔细的斟酌。

《四书集注》刊布后,朱熹对初刊本并不十分满意。所以,此后他用了四十多年的时间反复修改,直到临死前一天还在修改《大学章句》。他的行动真正实践了他所说的"毕力钻研,死而后已"的诺言。他钻研"四书"之所以如此执着、如此严肃,主要是对义理崇尚的结果。他认为义理变动不居,无穷无尽。为使自己的理学思想和理学体系适应不断发展的义理的需要,就必须不断修改和补充作为理学重要载体的《四书集注》,只有这样,程朱理学真实而完整的面貌才能展现给读者。从这里可以看出,《四书集注》成为朱熹的代表作,成为理学最权威的读物,并非偶然,它与朱熹所花费的巨大心血有密切的关系。

朱熹本人对于自己的《四书集注》也评价甚高。他认为所有的注文,都恰到好处,"不多一个字,不少一个字"[1]。这样的标置未免过当。不过,也应当承认,他的注文的确洗炼明快,思想鲜明;特别是《论语集注》和《孟子集注》与其他旧注相比,显属上乘之作。除政治原因外,此书之所以能够广泛流传,这大概是一个重要的原因。

---

[1] 《朱子语类》卷十九,转引自《四书集注简论》,第三三页。

第三节 《四书集注》的政治影响

《四书集注》问世后，首先引起以朱熹为首的闽派学者的重视。他们为阐发师心，纷纷著书立说。陈淳、赵顺孙、真德秀等人分别完成《四书性理字义》、《四书纂疏》、《四书集编》等书。不过终南宋之世，《集注》的影响只限于闽学范围之内，并未引起统治者的重视。

《集注》受到统治者青睐，成为统治阶级的御用工具，是元朝的事。元仁宗即位后，开始恢复了停行已久的科举考试，决定以《四书集注》为标准，课试士子。明永乐年间，胡广等人奉敕撰《四书大全》，颁行天下，亦作为科举考试的标准参考书。当时，《五经大全》也同时颁布，但因科举考试以"四书"为重，于是"四书"之学逐渐繁荣，由附庸升为大国，而"五经"则几乎被束之高阁，弃而不讲了。

由于统治者的提倡，《四书集注》在以后的七百多年中得到了广泛的传播，对中国后期封建社会的政治和文化发生了巨大而深远的影响。一部私家的注释性著作能在整个社会产生如此广泛弥久的作用，这在中国历史上大概是第一例。当然要是仔细研究了注文所表现的思想内容以后，这也就不难理解了。

《四书集注》全面系统地反映了程朱的理学思想，是程朱理学的集大成著作。对此，假若单看一章一句的注文似乎看不出来，如果把分散的注文汇集起来，仔细寻找其中的关系和脉络，程朱完整的理学思想体系，则清楚地显现出来："天理"论是这一思想体系的中心，"性"论、"格物致知"论、政治论、教育论、"道统"论则是其中的纲目。

　　那么，《四书集注》所宣扬的"天理"到底是什么呢？简单地说，它即是一种具有独立存在性的观念，这种观念的存在不依赖于任何事物，相反，天地万物都以它为根源和根本。它无所不在，无所不含，无所不为。显然"天理"就是神的别名。朱熹之所以将天理奉为神圣，目的就在于和封建道德及礼乐刑政发生联系，而只有当这种联系形成以后，《集注》的思想才能发挥作用，《集注》的生命力才得以显示。经过朱熹的论证，天理与封建道德和礼乐刑政的关系是：人性就是天理，封建道德、封建礼乐刑政就是天理。

　　天以阴阳二气和五行，化生出天地、山川、草木、鸟兽和人类等万物，并赋予其天理，形成刚柔及仁、义、礼、智、信五常之德。每个人的动作举措都应当顺天理，而不能逆天理。这也就是说，人们必须严格遵守封建社会的礼乐刑政，不能有丝毫偏离，一旦偏离，就会受到上天的惩罚，这样就很自然地将封建统治天理化、合法化。结果，就变成这样一种逻辑：谁触犯了封建秩序，谁就违犯了天理；谁反抗封建压迫和封建剥削，谁就违反了天理。谁在封建统治者面前俯首帖耳，谁就是奉行了天理。当然，这只是问题的一方面。另一方面，尽管人们秉受了所谓五常之德，但仍然存在着物欲。物欲，就是耳目口鼻四肢对色、声、香、味、安逸的要求，也就是本能的需要。朱熹认为这是罪恶的源泉，必须予以遏抑。除物欲之外，人们还存在着"人欲"，所谓人欲就是指人的私欲。朱熹明确指出："天理人欲，不容并立。"提倡"存天理，灭人欲"，很明显，这些说教直接针对着劳动人民的生存要求。其目的不过借此熄灭阶级斗争的烈火，使劳动人民成为统治阶级任意宰割的对象。"存天理，灭人欲"是朱熹人生哲学的最高境界。怎样做才能达到这个境界呢？朱熹认为关键在于"学以明伦"，学习的目的不是别的，是明白"父子有亲，君臣有义，夫妇有别，长幼有序，朋友有信"的所谓"人之大伦"。只有在彻底明白了君臣、父子、夫妇等基本的人伦问题，并熔铸到人的灵魂深处，加以身体力行，人的行动才能不逾规矩，最终成为统治者需要的人。在此，朱熹深刻地认识到教育对于封建政治所发挥的重大作用。当然，他劝学的实质是为了彻底泯灭人民的斗争和反抗意识，使封建统治永远继续下去。

通过上面简单的叙述，可以看出，《四书集注》之所以受到封建统治者的重视，在政治上发生重大的影响，根本原因在于它适合统治者的需要，为封建统治提供了系统的理论。

第三章 《周易》

第一节 《易经》的作者与成书时代

《周易》由《易经》、《易传》两部分组成。《易经》包括卦画、卦名、卦辞、爻题、爻辞几方面的内容，《易传》包括《彖》、《象》、《系辞》、《文言》、《说卦》、《序卦》、《杂卦》七种。《易经》的作者是谁？成于何时？学术界对这些问题长期争论不休，其主要有四种看法：

其一，远古及西周初年说。这是沿续了两千多年的传统说法，影响甚大。具体意见又有三种：

①伏羲画卦、重卦，或伏羲画卦，周文王重卦，并作出卦辞、爻辞。《易传》主张这种意见。《系辞下传》二章说："古者包羲氏之王天下也，仰则观象于天，俯则观法于地，观鸟兽之文，与地之宜，近取诸身，远取诸物，于是始作八卦，

以通神明之德，以类万物之情。"意思是说：乾(☰)、坤(☷)、震(☳)、巽(☴)、坎(☵)、离(☲)、艮(☶)、兑(☱)八个基本卦，是由远古的帝王伏羲氏根据天文地理及鸟兽、人类的一些现象画成的。

②卦辞、爻辞皆由文王所作。司马迁赞成此说。《史记·太史公自序》说："西伯拘羑里，演《周易》。"西伯即文王，意思是说《周易》（包括卦辞、爻辞）是文王被纣王囚禁在羑里时，演画而成的。

③文王作卦辞，周公作爻辞。东汉的马融和三国东吴的陆绩坚持这种意见。他们认为爻辞里记载的某些事情是文王以后才出现的，文王生前不可能预知并引以为写作爻辞的材料。例如：《升》卦六四爻辞说："王用亨于岐山。"这个"王"字一般认为是指周文王姬昌，然而姬昌被称为王是武王灭商以后的事，在他生前不应当有这样的称呼。又如《明夷》六五爻辞说："箕子之明夷。""明夷"，是说光辉的品德受到损害。这是指箕子因劝谏纣王，遭纣王囚禁的事。这件事发生在武王载文王木主于孟津观兵以后，自然文王也不可能在生前运用。因此，他们认为文王只作了卦辞，而没作过爻辞。

其二，战国初年说。此说由日本汉学家本田成之于《作易年代考》一文中最先提出。他认为《周易》成于战国初年，而且出于楚人之手。郭沫若先生在《青铜时代·周易之制作时代》一文中赞成此说，并以更丰富的论据加以论证。他根据顾颉刚的研究成果，首先否定了流传久远的伏羲画卦说。接着通过重新解释传世文献，又否定了周文王画卦说。他说："其实照史实看来，文王并不是能够作出《易经》来的那样高度的文化人。在他的祖父太王的时代，周人还是穴居野处的原始民族，并没有怎样进步的文化。就是文王自己，尽管是一族的王长者，而他还亲自在看牛放马，种田打谷。"最后，他主要利用西晋"汲冢书"所提供的旁证材料，论定《周易》的成书在孔子以后，是战国初年的东西，作者是孔子的再传弟子——楚人馯臂子弘。郭沫若的这一论说，彻底否定了《周易》成于伏羲和文王之手的传统说法，对后来的《周易》学研究产生了重要的影响。

其三，西周末年说。今人李镜池先生坚持这种意见。① 他的结论来自对《易经》思想内容和文法的分析研究。他认为《易经》的内容反映了统治阶级内部的矛盾斗争，而这些内容"在

---

① 《周易探源》，中华书局，一九七八年三月。

《诗经》里西周末、东周初的诗同样可以看到。"①《易经》的"乱邦不居"、"贤者避世"的思想,"不会在西周之初,成康之世出现"。② 此外,从文法看《易经》的卦爻辞中出现大量的比兴表现手法,有些简直就是成于西周末年的《诗经》的句式,而这些句式与卜辞、《论语》有很大的不同。所以说《易经》成于西周末年。

其四,西周中期说。此说由今人宋祚胤先生提出。在近年出版的《周易新论》一书中,他对李镜池先生否定郭老关于《易经》成于战国初年的意见表示肯定,但对李镜池主张的"西周末年"说提出疑义。他认为李氏从文辞形式进行比较,以此来推定《周易》的写作时代,办法当然可取,从思想内容方面来断定《周易》的写作时代,自然更是一种可行的办法,但具体论证却值得商榷。最后,他从《易经》的文辞形式、思想内容和所记史实三个方面加以研究,提出《周易》的写定主要是在周厉王末年的结论。

---

① 《周易探源》。《序》,第四—五页。
② 同上。

第二节 《易经》的形式和思想内容

《易经》的形式非常特别，与先秦时期的其他书籍相比有很大的不同。全部《易经》都以卦为单位，共有六十四卦，上经三十卦，下经三十四卦，每卦各分卦形、卦名、卦辞、爻辞四部分。

六十四卦由八卦演变而来。八卦即是：☰为乾、☷为坤、☲为离、☵为坎、☴为巽、☳为震、☶为艮、☱为兑。八种符号称为卦形，乾、坤、离、坎、巽、震、艮、兑八字称为卦名。假如八卦自叠，则使用原名，互叠则另立名称。例如仍叫☰《乾》卦，则叫☷《比》卦。八卦的每个卦画从自然界的事物中各取一个象征，☰象征天，☷象征地，☲象征火，☵象征水，☴象征风，☳象征雷，☶象征山，☱象征泽。

六十四卦中每一个卦画都有六行，每一行叫一爻。自下而上，以"初"、"二"、"三"、"四"、"五"、"上"等字标明每一爻的位置，以"九"、"六"标明爻的性质，"九"属阳（—），"六"属阴（— —）。标明爻位的一个字与标明爻性的一个字结合起来，成为每一爻的题识(标题)，称为爻题。例如《泰》卦六爻的爻题分别是初九、九二、九三、六四、六五、上六。

六十四卦每卦的初爻之前，都有一句话，称为卦辞。例如乾卦的卦辞是"元亨利贞。"益卦的卦辞是："利有攸往、利涉大川。"卦辞比较简单，只为说明题义而设。每一爻题的后面，各有一句话，称为爻辞。例如乾卦的爻辞是："初九：潜龙，勿用。九二：见龙在田。利见大人。九三：君子终日乾乾，夕惕若。厉，无咎。九四：或跃在渊。无咎。九五：飞龙在天，利见大人。上九：亢龙有悔。用九：见群龙无首，吉。"爻辞是各卦内容的主要部分，每卦分为六爻，基本上是根据内容按从下至上的层次排列的。

卦辞、爻辞，古代统称为"繇"或"颂"，现在一般称为"筮辞"。筮辞是全书的主要部分，是研究《易经》思想内容的主要依据。

根据高亨先生的研究①，《易经》的筮辞大体可分为四类：

1. 记事之辞。即通过古代的故事以指示休咎。其中又有两种情况：①采用古代故事。例如《大壮》六五："丧羊于易，无悔。"《旅》上九："鸟焚其巢，旅人先笑后号咷，丧牛于易，凶，"据顾颉刚先生考证，这是指王亥客居有易氏，有易氏首领绵臣杀死王亥并抢夺其牛羊的故事。②记录当时的卜筮

---

① 高亨《周易古经今注》的《周易古经通说部分》，中华书局，一九八四年三月。

之事。高亨先生认为《周易》当中出现"亨"（或享）"小享"、"元亨"等字样，记录的都是当时的享祀之事。

2. 取象之辞。即采用一种事物作为人事的象征，从而指示休咎。内容简单的类似诗歌中的比兴。例如《大过》九二："枯杨生稊，老夫得其女妻。"九五："枯杨生华，老妇得士夫。"内容复杂的，近似散文中的寓言。如《履》六三："眇能（能读为而），视，跛能履，履虎尾，咥人。"

3. 说事之辞。即直接叙述人们的行事，从而指示休咎。人的行事或是或非，或成或败，本身就是休咎的原因或结果，所以休咎之事即寓于说事之辞。如《乾》九三："君子终日乾乾，夕惕若。厉，无咎。""君子终日乾乾夕惕若"是说事之辞。意思是说，君子昼而努力，夕而警惕，其结果自然"厉无咎"了。《谦》九二："鸣谦，贞吉。""鸣谦"是说事之辞。"鸣"是"名"的借字，名指名誉；有名誉而谦恭，其结果当然吉利了。九三："劳谦，君子有终，吉。""劳谦"是说事之辞，有功劳而谦逊，其结果则"君子有终"且"吉"了。与记事之辞、取象之辞相比，说事之辞更为简捷明快。

4. 占断之辞。即有关休咎的断语。《易经》是卜筮书，所以筮辞中都有论断休咎的语句，或含有指示休咎的意义。具体又分两种情况：①在记事之辞、取象之辞、说事之辞之后加占断之辞,它多与上述三者存在内在联系。这种情况占全书的绝大比例。②仅有上述三者中的一种而无占断之辞。其休咎或寓于故事中,或寓于取象中,或寓于行事中。《易经》的占断之辞多用"利"、"吉"、"厉"、"悔"、"咎"、"凶"等字表示。有少数虽不这样表示,但仍然可以说明休咎。如《坤》六三:"或从王事,无成有终。"意思是说要发动战争,不会成功,应当停止。结果不断自明。《无妄》:"其匪正,有眚。"意思是如果思想行为不正当,就会有灾殃。何休何咎,十分明白。

从性质上讲,《易经》是一部卜筮书,它的卦、爻辞的主旨都在于指示吉凶。但是,由于卜筮与社会生活具有密切的关系,所以卦爻辞不仅涉及了上古时期发生的历史事件,而且广泛地反映了上古社会各个方面的情况,体现了当时人们的思想认识。所以,《易经》对于探索上古时代的社会面貌,了解当时人的生产生活状况,认识当时的思想观念,都具有特殊的价值。在这方面,郭沫若先生已经进行了成功的尝试,并取得了巨大的成就。在《中国古代社会研究》一书中,郭沫若先生专列《周易时代的社会生活》一章,对《易经》的思想、内容进行了全面系统的分析和归纳。兹从郭沫若先生的归纳中,可以看出《周易》包含着非常丰富的思想内容。

①《易经》反映了上古时代的生活基础,这主要包括渔猎、畜牧、商旅(交通)、耕种、工艺(器具)五个方面。②《易经》反映了上古时代的社会结构,这主要包括家族关系、政治组织、行政活动(享祀、战争、赏罚)、阶级四个方面。③《易经》反映了上古时代的精神生活,这主要包括宗教、艺术、思想三方面。可见,《易经》所包含的内容是相当丰富的,几乎涵盖了社会生活的各个方面。这里值得一提的是《易经》的哲学思想。

《易经》是一部卜筮书,但比较系统地反映了编者的哲学思想。这一点古人已经有所认识,特别是王弼和二程、朱熹等人在这方面做了不少有益的工作,给后人指示了途径。不过,由于他们在《易经》研究中摆脱不了所谓"象数"的干扰,因此,不能对《易经》的思想进行正确的阐释和发挥,致使《易经》的研究陷于神秘化。近几十年来,《易经》研究发生了很大变化,古人涂在《易经》身上的厚重的神秘色彩被层层剥落,《易经》逐渐显露出它的本来面貌。《易经》具有完整的、比较系统的思想体系。对于本体论、方法论、认识论诸方面的问题,都有明确的看法。它用八卦象征天、地、风、水等,以此来说明世界的根源,表现了朴素的唯物主义观念。它强调变化运动,强调矛盾对立,体现了进步的朴素的辩证法认识。此外,《易经》所表现的政治观也极具特色。所以,正确地分析《易经》的思想内容,认识《易经》的价值,对于中国古代思想学术文化的研究具有重要的意义。

第三节 《易传》的编者和著作时代

《易传》或称《易大传》,是《易经》最古老的注解。它包括七个部分:

①《彖》,解释六十四卦的卦名、卦义及卦辞。

②《象》,解释六十四卦的卦名、卦义及爻辞。

③《文言》,解释乾坤两卦的卦辞及爻辞。

④《系辞》,《易经》的通论。

⑤《说卦》,记述八卦所象征的事物。

⑥《序卦》,解说六十四卦的顺序。

⑦《杂卦》,杂论六十四卦的卦义。

因《彖》、《象》、《系辞》各分上下两篇,合起来共十篇,故又称为"十翼",即《易经》羽翼的意思。

关于《易传》的作者,西汉司马迁的说法影响最大。《史记·孔子世家》说:"孔子晚而喜《易》,序《彖》、《系》、《象》、《说卦》、《文言》。读《易》,韦编三绝。"按司马迁的说法，《易传》的作者就是孔子。班固的《汉书·艺文志》因袭此说，后来在很长时期内，对此没有异义。直到北宋的欧阳修出来，才第一次提出疑问。他在《易童子问》中明确地说："《系辞》、《文言》、《说卦》而下，皆非圣人之作，而众说淆乱，亦非一人之言也。"此后经过清代今文学家的进一步考证，学术界基本上肯定了孔子不作《易传》这一结论。那么谁是《易传》的作者呢？对这个问题，目前学术界基本上倾向于"书出于众手"的意见。就是说《易传》不是由哪一个人完成的，而是由许多人逐步完成的。

关于《易传》的著作时代，到目前为止，尚未形成一致的认识。代表性的看法有三种：

1. 李镜池先生认为：《易传》七种、十篇文章，可以分为三组：《彖》、《象》为第一组，"其年代当在秦汉间，其作者当是齐鲁间的儒家者流"。[①]《系辞》、《文言》为第二组，"年代当在史迁之后，昭、宣之间"。[②]《说卦》、《序卦》、《杂卦》为第三组，年代"在昭、宣后"。[③]

2. 郭沫若先生认为：《说卦》、《序卦》、《杂卦》三

---

① 李镜池《周易探源》，中华书局，一九七八年三月，第三〇一页。
② 同上。
③ 同①。

篇"应该是秦以前的作品。但是《彖》、《象》、《系辞》、《文言》，却不能出于秦前。大抵《彖》、《系辞》、《文言》三种是荀子的门徒在秦的统治期间所写出来的东西。"①至于《象》的成书年代，他完全同意李镜池先生的结论。

3. 高亨先生认为："《易传》七种大都出于战国时代。"②具体来说，《象传》是时代最早的一篇，证据是《象传》只解爻辞不解卦辞，因为在《彖传》中已经解释过卦辞，所以无须重述。《象传》大约作于《礼记·深衣》之前。根据《彖传》和《象传》多用韵语的现象，推断"《彖传》可能是馯臂子弓所作，《象传》可能是矫疵所作"③。《文言》作于《左传》以后，《系辞》作于战国时代，可能"成书于公孙尼子的《乐记》之前"④。《说卦》、《序卦》、《杂卦》三篇，虽未得确证，但怀疑作于战国时代。

上述三派意见，论据不同，结论不一。不过其中也有一些共同点。首先，他们都承认《易传》成于孔子之后；其次，

---

① 郭沫若《郭沫若全集》（历史编一），人民出版社，一九八二年九月，第三九六页。
② 高亨《周易大传今注》齐博书社，一九七九年六月，第六——八页。
③ 高亨《周易大传今注》，齐鲁书社，一九七九年六月，第六——八页。
④ 同上。

他们都承认《易传》为儒家作品,这两点十分重要。表明《易传》各篇是战国及秦汉之际儒家学派的重要著作,对于研究儒家思想的发展变化具有重要的价值。

第四节 《易传》的思想内容

《易传》七种是《易经》的注解。它的内容既有文字训释、义理阐发,也牵涉到象数。但是,《易传》对经文的解释与《易经》的原意往往相去甚远,有时干脆歪曲附会。所以,就形式来看,《易传》像是解经之作,实质上它是一部意在宣扬作者思想观念的哲学著作。《易传》虽然不是出于一手、成于一时,但书中所表现出的世界观和方法论却是一致的,而且十篇文字前后映衬,互相补充,形成独特的思想体系。

《彖》是《易传》的第一篇,也是最有代表性的一篇。它将由阴阳家的阴阳学说所生化出来的刚柔观、道家的宇宙观和儒家的政治思想、行为规范综合起来,对《易经》进行解释,从而奠定了后来说《易》的基础。在这个糅刚柔观、天道观、人生观三者为有机一体的巧妙结构中,既容纳了丰富的思想内容,又包含君臣、父子、夫妇的人伦制度和礼乐兵刑的社会制度。作者企图通过自然界阴阳、刚柔、天地、日月变化而统一的道理,来阐发儒家关于社会政治的思想,一方面对现存的统治秩序进行说明,另一方面为统治阶级的统治提供理论根据。

《象》分大象、小象两种,二者体例不同,内容和主旨也有一些区别。前者类似读《易》的心得体会,主要谈政治和修养,发挥《彖》的人道观。后者是解释爻辞的文字,侧重发挥《彖》的刚柔学说。

《系辞》、《文言》的思想和风格具有一致性,都强调形而上学的道,都强调事物的依存对立、发展变化。就两种文字的思想面貌看,极类似道家,但从精神实质上看,又似比道家更积极、更健康。

《说卦》、《序卦》、《杂卦》三种,大约成书时间最晚,内容明显带有总结性的特征。《说卦》主要总结八卦卦象的意义,《序卦》、《杂卦》则用文字训诂的方法总结六十四卦卦名的意义。

总之,《易传》包含着丰富而复杂的思想内容。其中既有唯物主义的成分,也有唯心主义的成分;既有辩证法的观点,也有形而上学的认识;既闪烁着进步思想的光辉,也涂抹着宗教迷信的色彩。对此,应当具体分析,准确评价。

第五节 《周易》学源流

《汉书·艺文志》说:"《易》道深矣!人更三圣,世历三古。""三圣"、"三古"指伏羲画卦、文王重卦、孔子序卦。按照现代学者的看法,这三件事皆不可信。当然,这样讲并不意味着孔子与《易》经没有关系。

先秦时期,《周易》在孔子的提倡下,得到广泛的传播,从而出现了许多解说《周易》的本子。商瞿、桥疵子庸、馯臂子弓、子家、子乘等人对《周易》的进一步流布都作出了重要的贡献。

秦汉之际,《周易》的重要传人是田何。汉初的王同、周王孙、丁宽、胜生四人跟随田何学《易》,并各写了一部《易传》,其中影响最大的首推丁宽。丁宽的《易》学传给田王孙,田王孙又传给施雠、孟喜、梁丘贺。此后,西汉的《周易》学即分为施、孟、梁丘三派。他们的特点基本上是既重视文字训诂,又注意阐发《易》义。汉武帝立五经博士,这三派都被立于学官。到宣元时期,在三派之外,又出现"焦京之学"。焦指焦延寿,京指京房。焦氏著《易林》,其学说以阴阳灾异为主要特征,使《易》学流于术数。京房是焦延寿的学生,著有《易》学著作多种。汉元帝时,京氏《易》与施、孟、梁丘三家并列学官。与此同时，民间流行费（高）氏《易》和高（相）氏《易》。西汉这五派《易》学分属今古文两个系统：施、孟、梁丘、京氏属于今文；费氏、高氏属于古文。西汉晚期，五派各以家法教授，而京氏《易》最为兴盛。此风沿及东汉，直到郑玄会通《易》学后，才得到扭转。郑玄先向第五元先学京氏《易》，后又跟马融学费氏《易》。今古文兼通后，他以费氏《易》为宗，又参择京氏《易》，完成《周易注》。此后，费氏《易》日益兴盛而京氏《易》日趋衰落。

魏晋南北朝时期，玄风大炽，《易》学十分兴盛。王弼的《周易注》及《周易略例》突出地表现了这个时期《易》学的旨趣。该书力纠郑注《周易》重文字训诂、轻义理阐发的偏蔽，为后世的《周易》研究指出了明确的方向。

隋唐时期，《周易》学以钦颁的《周易正义》为中心。《正义》影响着当时的研究方向。除《正义》外，唐代最重要的《易》学专著是李鼎祚的《周易集解》。这部书不宗王弼注，而是博采旧注，旁通象数。它虽然不为当朝所重，但对后来《周易》学却影响颇大。

宋代的《周易》学领域，形成图书派、义理派两个派别。前者源于道士陈抟。陈抟依据方术，造作《先天后天图》及《易龙图》一书。邵雍继承此学,写了《易学辨惑》,倡言河图洛书,以黑白点子谈《易》。后者源于胡瑗。胡瑗作《易传》、弟子倪天隐作《周易口义》进一步畅发师说。此说的特征是一扫灾异、谶纬和谈玄之说而归之于道德性命的探究。程颐继承了义理派的方法,在《周易》的阐释上树立起一座新的里程碑。他的《易传》以王弼注本为主,注重从哲学的角度认识、理解《周易》。程颐之后,朱熹在释经方面成就最大。他的《周易本义》意在会通义理派和图书派,以致这种道士式的《易》学竟成为宋元明三代的正宗。宋代,除上述学者把主要精力放在解《易》、注《易》方面外,另有一些学者把精力放在收辑旧注、考订文献方面。其中吕祖谦的《古周易》和王应麟的《周易郑康成注》价值较高。

元明二代,《易》学研究无多创获。比较重要的著作有元人陈应润的《周易爻义变蕴》和明人姚士麟的《陆氏易解》。

进入清代,《周易》学研究出现新的高潮。摧廓宋学,复兴汉《易》是这个时期的研究宗旨。黄宗羲的《易学象数论》,力斥河图、洛书的荒谬之处。胡渭的《易图明辩》,穷本溯源,罗列确证,从根本上动摇了河图、洛书之说。惠士奇继起,他的《易说》力矫王弼以来轻视训诂、空言说经的弊病。惠士奇的儿子惠栋,继承家说,完成《易汉学》、《周易述》

等书，使汉《易》之学灿然复彰。惠士奇的学生张惠言祖述师说，以表彰东吴虞翻的《易注》为己任，先后撰成《周易虞氏义》、《周易虞氏消息》、《虞氏易礼事》、《易候易言》、《虞氏略例》等书，从而将千古绝学继承下来。惠、张之后，清人《周易》学研究最重要的人物是焦循。他的《易通释》、《易图略》和《易章句》，总称"雕菰楼《易》学三书"，对《周易》进行了全面系统的整理和研究。由于他不拘汉魏师法，持论公允，又采用了以《易》解《易》、触类旁通的比较科学的研究方法，所以他的著作深受后人推崇。

晚近以来，随着思想观念和研究方法的不断更新，《周易》研究发生了重大的变化。多视角、多层次、多学科地认识和理解《周易》，是此时最重要的特点。郭沫若、杨树达、闻一多、李镜池、高亨、金景芳等人，对于促进《周易》学的繁荣发展，作出了重要的贡献。

第四章 《尚书》

第一节 《尚书》的形成

《尚书》是夏、商、周三代的历史文献汇编，是中国最古的书。"尚"，指上代；"书"指简册，意谓上古的史书。《尚书》原称《书》，是史官所记录的统治者的讲话。《礼记·玉藻》说："左史记言，右史记事。"左史、右史都是统治者身边的史官，他们的职掌有所区别，一人专门记言，另一人专门记事，"言"就是统治者的讲话记录，"事"就是编年的大事记。"言"保存下来就成了《尚书》之类的东西，"事"保存下来就成了《春秋》、《竹书纪年》之类的东西。

据史料记载，至少在商代就已经有了形制规整的书。《尚书·多士》记周公对殷民说："惟尔知，惟殷先人有册有典，殷革夏命。"意思是说，只有你们知道，你们殷民的祖先既有书册又有典籍，上面记载着殷人推翻夏人统治的事情。可知商代史官的一些记载到周初还有所保存。但是，竹简容易脱落损坏，很难长期完整地保存下去，此外再加上统治者出于政治需要，经常毁坏图书，所以到春秋时，商代的历史文献可以说已经是百不存一了。

战国时代诸子竞起，百家争鸣，学术空前繁荣。为了鼓吹自己的学说，使其言之有故，持之成理，各派尽量援引《诗》、《书》之说，加强其论证。不仅如此，为了适应自己学说的需要，各家除利用和改造旧文献外，还假托古人之名编造新文献。所以，《韩非子·显学》这样说："孔子、墨子俱道尧舜，而取舍不同，皆自谓真尧舜。尧舜不复生，将谁使定儒、墨之诚乎？"意思是说：孔子和墨子都谈论尧舜，而内容不同，都自称自己所谈的是真正的尧舜。然而，尧舜死不复生，谁来评判儒墨两家的是非呢？根据今人的研究，今本《尚书》中的《尧典》、《皋陶谟》和《禹贡》三篇文字，就是儒家伪造的。

当然，不管利用也好，伪造也好，客观上都加强了诸子各派对历史文献的重视，促进了历史文献的整理工作。其中儒墨两家的成就最大。儒家和墨家都十分重视《尚书》，都把这部书当作各自学派的教本。出于宣扬其思想政治学说的需要，大概两家都根据各自的目的对《书》进行了编辑和整理。后人称孔子序《尚书》，大抵就是指这种工作。墨家的《尚书》教本，因后来墨学衰微，没有流传下来。儒家则由于孟、荀继起，盛极一时，儒家所编的《尚书》得到广泛流传。汉初伏生传出的《尚书》，就属于这个系统。

《尚书》在先秦时期称为《书》，但《书》并不是《尚书》的专名。先秦时期《书》的概念包含两种意义：第一，指《尚书》的篇名，例如《论语》的《为政》、《宪问》都引"《书》云"，一引《逸书》，一引《无逸篇》。第二，指记载历史的书籍。例如《墨子·明鬼下》谈到某事记在列国《春秋》，紧接一句总结性的话："以若《书》之说观之。"可知作者把各国的编年史称为《书》。同篇又说："《周书·大雅》有之。"《大雅》是《诗经》的部分，而这里则也把《大雅》篇叫做周的《书》。

《尚书》的名称出现较晚，一般认为是由伏生于汉初传授《尚书》时确定的。

第二节 《尚书》的篇目和年代

《尚书》原来的篇目到底是多少，说法一直有分歧。旧说孔子整理《尚书》，把收辑文献的上限断自唐虞之际，下限断自秦穆公。孔子根据这一界限,删繁蔚浮,最后选定《尚书》百篇,并各为之作序。后人对这种说法或信或疑,意见不一。应当承认,这种关于孔子选编《尚书》百篇的说法并不是完全没有根据的。然而,遗憾的是,由于秦火的焚烧,先秦时期流行的《尚书》,并没有全部保存下来。

保存下来的《尚书》出于秦朝博士伏生的传授。当秦始皇焚禁《诗》、《书》时,伏生就把自己的一部《尚书》藏到屋壁中间,逃到远方。直到汉兴乱定,他才返回家乡。他将藏于屋壁的《尚书》拿出,发现一部分已经朽坏。经过仔细的整理编排,最后获得《尚书》简文二十八篇。于是,他就以此为教本,在齐鲁一带授徒讲学。汉文帝时,寻找能讲《尚书》的人,发现了伏生。当时想召他入京,但他年过九十,已经不能行走。于是,朝廷就派太常掌故晁错前往受学。这即是西汉时期官学《尚书》的来源,其篇目如下:

①《尧典》、②《皋陶谟》(以上属《虞书》);③《禹贡》、④《甘誓》(以上属《夏书》);⑤《汤誓》、⑥《盘庚》、⑦《高宗肜日》、⑧《西伯戡黎》、⑨《微子》(以上属《商书》);⑩《牧誓》、⑪《洪范》、⑫《金縢》、⑬《大诰》、⑭《康诰》、⑮《酒诰》、⑯《梓材》、⑰《召诰》、⑱《洛诰》、⑲《多士》、⑳《毋佚》、㉑《君奭》、㉒《多方》、

㉓《立政》、㉔《顾命》、㉕《费誓》、㉖《吕刑》、㉗《文侯之命》、㉘《秦誓》（以上属《周书》）。

宣帝时，民间又发现《尚书》一篇，名叫《泰誓》。于是，原来的二十八篇加《泰誓》变成二十九篇。这是西汉官学《尚书》最基本的篇目。从上述篇目来看，各篇标题的命义大体有四种情况：第一，取"诰"、"谟"、"誓"、"命"、"典"等词命题。如《大诰》、《皋陶谟》、《泰誓》、《尧典》等。"诰"，指君对臣下的讲话；"谟"，指臣下对君主的讲话；"誓"，是君主的誓众之词，多用于大规模的军事行动；"命"，指君主的册命或君主的某种命词；"典"，记载重要史实或某项专题史实。第二，以人名标题。如《盘庚》、《微子》等。第三，以事件标题。如《高宗肜日》、《西伯戡黎》。第四，以内容标题。如《禹贡》、《洪范》、《无逸》。当然，不管怎样标题，其内容基本都是统治者的讲话记录和文告。

《尚书》二十八篇的时代，并不完全像《尚书》篇目所标置的那样，属于《虞书》（意谓唐虞时代的书）或属于《夏书》（意谓夏代的书）。根据现代学者的考证，《盘庚》、《大诰》、《康诰》、《酒诰》、《梓材》、《召诰》、《洛诰》、《多士》、《多方》、《吕刑》、《文侯之命》、《费誓》、《秦誓》十三篇时代最早，可信程度最高。《尧典》、《皋陶谟》、

《禹贡》三篇,完全是春秋晚期或战国初期儒家编造的。《尧典》描述了儒家所设想的古史帝王系统和古代制度;《皋陶谟》描绘了儒家的政治理想和道德规范;《禹贡》则是为表现儒家大一统理想而对全国地理和贡赋的综合叙述。这三篇文章的思想内容,与《尚书》其他各篇比较,存在着很大的区别,而极近似儒家的著作。说明这完全是儒家的创作。《甘誓》与《禹贡》并列,过去一直以为是很古的作品。郭沫若先生通过仔细考证提出,《甘誓》虽不是伪作,但不当归入《夏书》,而应该归入《商书》,可能是殷人祖先上甲微征伐有扈氏的誓词。[1]而陈梦家先生认为此篇的完成时间还要靠后,大约是战国时期。[2]

总而言之,《尚书》二十八篇的时间跨度很大,并非出自一个时代。其中以西周和春秋晚期、战国初期的作品为多,年代大约起自公元前十一世纪末至公元前四世纪末,前后经历七百多年。

---

[1] 《郭沫若全集》(历史编一),人民出版社,一九八二年九月,第九五——九六页。

[2] 陈梦家《尚书通论》,中华书局,一九八五年十一月,第三三一页。

第三节 《今文尚书》、《古文尚书》和《伪古文尚书》

汉初伏生传出的《尚书》二十八篇，用汉代通行的隶书抄写，后人称为《今文尚书》。《今文尚书》在西汉分三途传授，形成欧阳氏学和大、小夏侯氏学，即所谓的《今文尚书》三家学。汉宣帝时期，三家分别立于学官。其中欧阳氏立于学官的时间最早，影响也最大，堪称汉代《今文尚书》学的主干。东汉灵帝时建立石经，《尚书》就采用了欧阳氏的传本。大、小夏侯氏学主要流行于西汉后期。

由于统治者的大力提倡，《今文尚书》学得到较大的发展，对当时的社会政治产生了重要的影响。归纳起来看，汉代的《今文尚书》学有下面几个特点：

①《尚书》被神圣化。《尚书》立为官学后，方术化的儒生为了神化其学，更好地适应统治者的需要，纷纷以阴阳五行和天人感应理论解释《尚书》，从而给《尚书》涂上浓厚的神秘色彩，并逐渐形成禨祥灾异之学和谶纬之学。

②通经致用。汉初的知识分子继承战国百家诸子的精神，主张学以致用，反对徒托空言。经学成为官学后，经师们更提出"通经致用"的口号。在这种实践中，《尚书》显示出了非常特别的作用。具体表现就是利用《尚书》的灾异之说，

预言政变、奏请抑绌外戚、尊崇大臣。

③释经之词异常烦碎。《尚书》的今文三家都写作了不少解释经义的"章句"及"传"、"说",然而,无不繁琐之至。尤其小夏侯氏表现得更为突出。以致于大夏侯氏批评他是"章句小儒,破碎大道"。这种学风后来越演越烈,到了小夏侯派的秦恭,竟将师说增加到一百多万字。单说《尧典》篇目这两个字,就用了十多万字,说"曰若稽古"四个字,用了三万字。物极必反,东汉的删经之风,正是对西汉繁琐经学的反动。

东汉以后,《今文尚书》逐渐衰落,终于被《古文尚书》代替了。所谓《古文尚书》,即是用周代的大篆抄写的《尚书》。据古代文献记载,《古文尚书》一共有过六个本子:

①孔子家传本。这个本子由孔子的十一世孙孔安国收藏。孔安国曾以此与所习的《今文尚书》对照阅读,发现古文本比今文本多出"逸书十余篇"。

②中秘本,又称中古文本,即指皇家图书机构所藏的本子。汉成帝时,刘向校理皇家图书时,发现了这个本子,用它和《今文尚书》对校,发现"《酒诰》脱简一,《召诰》脱简二,率简二十五字者脱亦二十五字,简二十二字脱亦二十二字。

文字异者七百有余,脱字数十"[①]。

③河间献王本。据《汉书》河间献王本传载,河间献王酷爱古代的文化典籍,曾经从民间搜集到许多珍贵的古书,其中就有《古文尚书》。

④张霸伪百两篇本。据《汉书·儒林传》说,汉宣帝时,一个名叫张霸的人向朝廷献了这个本子。其实这是一个伪作,当时就被绌废了。它是将《今文尚书》二十九篇经过分析或合并,改造成百篇;又将《尚书》原来各篇前面简短的序言,合并成两篇,一篇放在开头,一篇放在末尾,构成所谓"百两"本。

⑤孔壁遗书本。汉末的刘歆在《让太常博士书》中曾提到,汉武帝时,鲁恭王刘余(系景帝之子)拆坏孔子旧宅,准备扩大他的宫室。结果在旧宅的墙壁中发现逸《礼》三十九篇,《尚书》十六篇。

⑥杜林所得漆书古文本。《后汉书·杜林传》记载,新莽年间,杜林到陇西一带避难时,得到此本。东汉初年回到洛阳后,他加以整理,并用来讲学授徒。此本的总篇数不详,但知道有与《今文尚书》相同的二十九篇被保存下来。后来,马融、郑玄对这个本子重新整理,将《盘庚》、《泰

---

① 《汉书·艺文志》,中华书局点校本。

誓》各分为三篇，又从《顾命》中分出《康王之诰》，从而把二十九篇变成了三十四篇。

以上六个本子，"百两"篇本是西汉张霸的伪作，当时就绌废了。剩下的五个本子，一般认为只有孔子家藏本和杜林漆书本比较可信，其余皆迷离扑朔，难定真假。

《古文尚书》的第一个知音是刘歆。刘向死后，刘歆继承父业，继续在宫中整理图书。当他发现了宫中所藏的《古文尚书》、《春秋左传》等古文经典时，诧为奇宝。他请求将这些古文经立于学官，以广流传，但遭到今文经博士的反对。

《古文尚书》虽没有立于学官，但由于刘歆的提倡，在西汉晚期还是得到了相当广泛的流传。东汉时期，《今文尚书》仍属于官学地位，但由于《今文尚书》学的腐朽和庸俗，逐渐失去吸引力，而古文经则因内容新鲜，大受学者的欢迎。所以，《古文尚书》学实际上已经成为东汉《尚书》学的主流。曹魏正始年间刻三体石经，《古文尚书》即作为定本刻入石经中。

《伪古文尚书》，专指东晋豫章内史梅颐伪造的《尚书》。西晋永嘉之乱后，国祚南移，文献多毁。东晋王朝为巩固其统治，重新搬出儒家思想来作为精神支柱。于是政府开始征收经籍，设置博士，以承传儒学。在这种气氛中，梅颐撰作

《伪古文尚书》。这部书共五十八篇,实由真伪两部分组成。真的是今文二十八篇,但他把它分析为三十三篇(分《尧典》下半为《舜典》,《皋陶谟》下半为《益稷》,《顾命》下半为《康王之诰》,《盘庚》仍分三篇)。伪的是二十五篇。它是从百篇书序中选取十八个题目,采摘旧文,编缀成二十二篇(《太甲》、《说命》各作三篇),另外新撰《太誓》三篇。全书除《舜典》采用范宁注外,其他均孔安国注,称"孔氏传"。又把汉代传下来的百篇书序按照时间先后分别安插在各篇的开首和末尾,而在书前放了一篇以孔安国口气写成的《尚书序》。后人为了和称为"书序"的百篇小序相区别,把这篇《尚书序》称为"书大序"。

这部书本来存在着明显的破绽,但长期以来人们并没有察觉,反而流传甚广。究其原因,是因为书中的"孔传"几乎做到每句都有解释,所以人们乐于接受。另外是因为统治者的提倡。正因为这样,这部书盛行不衰,一直被看成是汉代孔安国所传的真古文。唐代修撰《五经正义》,《尚书》即以此书的孔传为正注,孔颖达的《正义》作疏,成为官定之本颁行全国。唐代的开成石经,其《尚书》经文也取于此本。宋代将孔传和《正义》合刻成《尚书》注疏,明清两代又汇刻在《十三经注疏》中。《伪古文尚书》的影响于此可见一般。

第四节　宋代及后来的《尚书》学

宋代以前的《尚书》学，不论《今文尚书》、《古文尚书》（包括《伪古文尚书》）都属于汉学的范围。从宋代开始，宋学形成。《尚书》学受其熏陶感染，也沾上了宋学的色彩。

宋代的《尚书》学非常兴盛。从著作看，见于著录的逾二百部以上，从著者看，出现了一大批在《尚书》学史上深有影响的人物，从成果看，首先对《伪古文尚书》发生怀疑，从而为清代学者最终推翻《伪古文尚书》奠定了基础。

在宋代浩繁的《尚书》学著作中，北宋王安石的《新经尚书》、南宋林之奇的《尚书全解》和蔡沈的《书集传》影响较大。王安石的《尚书》研究，目的是为进行变法改制的政治活动进行理论准备。他的《洪范传》和《新经尚书》，不仅宣扬了天变不足畏的进步思想，而且在文字训诂方面也作出了卓越的成绩。林之奇，字少颖，号拙斋，南宋初年人。曾跟随理学名家杨时学习，称得上是理学正传。他的《尚书全解》一书，起于《尧典》，止于《洛诰》，实际上并非全解。但是他的经注不为成说所囿，具有许多真知灼见。在阴阳五行的问题上，他的态度与王安石一样力斥机祥灾异之说。在宋代"图书"之学弥漫学界的氛围中，他的这种进步认识和无畏胆略是非常难得的。所以，他的这部著作不仅在当时享有盛誉，现在看来其可以借鉴的地方仍很多。在他的影响下，他的弟子吕祖谦撰成《书说》一书。此书从《洛诰》之后写起，补齐了林之奇没有完成的部分。

蔡沈，字仲墨，号九峰，是朱熹的学生。朱熹平生对《尚书》的研究用力颇深，但他没有做出《尚书》的注。临死前一年（公元一一九九年），他命学生蔡沈担当此任。于是，蔡沈根据宋代《尚书》学的成果，广收博采，完成《书集传》。这部书有三个明显的特点，第一，总结了宋学的成就，把众多的宋儒经说择其精华融入自己书中，使人有胜义纷纭之感，觉得他是朱熹嫡派的代表作。第二，以理为断，解释合理，使人耳目一新，感到切近情理。第三，文字功夫好。正因为如此，此书问世后，不仅在宋代产生了很大影响，而且在元、明时成为《书》学正宗，著于功令，取代了《尚书》孔传和《尚书正义》的地位。

宋人除完成许多重要的《尚书》注释书外，对《古文尚书》的辨疑也取得重要的成就。北宋的吴棫是向《伪古文尚书》正式发难的第一人。他的《书裨传》中，不仅对《伪古文尚书》质疑，还对《今文尚书》中的《康诰》、《梓材》二篇提出质疑。此后郑樵著《尚书辨讹》，专疑《尚书》。朱熹在北宋诸儒的基础上，对《伪古文尚书》、《书序》及《伪孔传》（包括《孔传序》）提出许多疑辨意见。朱熹的辨伪研究，对后来彻底清算《伪古文尚书》的工作发生了重要的影响。

元明二代，因蔡沈的《书集传》被定为科举考试的依据，所以这二代的《尚书》学多以蔡《传》为宗。围绕蔡《传》出现了一大批著作，不过平庸之作居多，学术性强、水平高的《尚书》学著作，都在这个范围之外。重要的有元人许谦的《读书丛说》，明人王樵的《尚书日记》，明仁宗朱高炽的《体尚书》，梅鷟的《读书谱》及《尚书考异》。其中梅鷟的著作以辨伪为主，不仅找出《伪古文尚书》许多作伪的铁证，而且为后人摸索出比较科学的考辨方法。

清代《尚书》学总的特征是摧廓宋学，复兴汉学。但在清初，宋学还有一定的影响，并且在宋学疑古风气的直接影响下，主要由阎若璩完成了对《伪古文尚书》彻底辨伪的工作，从而为由吴、皖二派科学研究伪孔本中所保存的今文二十八篇奠定了基础。

阎若璩穷研《尚书》三十年，终于完成《尚书古文疏证》这部名著。全书以一个问题为一论，共立论一百二十八篇（或称一百二十八条），或以文献证据，或以历史事实，来考定孔《传》本之伪。由于称引繁博、证据确凿，最终使宋人发

第四章 《尚书》

其端的《伪古文尚书》考辨工作得以定案。此后,惠栋、崔述、丁晏等人在阎书的基础上,继续进行考辨工作,分别完成《古文尚书考》、《古文尚书辨伪》、《尚书余论》,从而彻底推翻这部皇皇圣经。尽管毛奇龄撰《古文尚书冤词》为其喊冤,但已无济于事。

《伪古文尚书》定案后,二十五篇伪作被推翻,而今文二十八篇重新引起了学者的注意。在今文二十八篇的研究方面,以惠栋和戴震为代表的吴、皖两派成就最大。江声的《尚书集注音疏》和王鸣盛的《尚书后案》、段玉裁的《古文尚书撰异》以及王念孙、王引之父子的《读书杂志》、《经传释词》、《经义述闻》都堪称不朽之作。

在吴皖两派的研究基础上,吴派后学孙星衍撰成《尚书今古文注疏》一书,对两派的成果进行全面总结。后人对这部书十分推崇,认为研究《尚书》应当首先读孙氏此书。孙星衍以后,《尚书》研究卓有成果的学者,首推吴大澂、孙诒让、皮锡瑞。近几十年来,《尚书》研究者一方面借助清儒的研究成果,另一方面利用卜辞和青铜器铭文等新材料,从而使《尚书》研究出现突破性的进展。王国维、杨树达、郭沫若、陈梦家、于省吾、胡厚宣、徐中舒等先生,都取得了新的重要成就。顾颉刚先生更以极精博的功夫研究它的一个个问题,从而把《尚书》的研究推向更深的层次。

第五章 《诗经》

第一节 《诗经》的形成和时代

《诗经》是我国第一部诗歌总集,三百零五篇,诗的作者不下数百人,可惜绝大部分现在已无法知道了。古人常把一些诗和历史事实比附起来,将不少作品指出了作者姓名,不过可信的太少,反而由于穿凿附会造成了对诗的歪曲。当然,《诗经》作者的姓名虽不可考见,但从诗的内容来看,作者的身份都是大体可以断定的:"有农民,也有士兵,有官吏,也有贵族,有男子,也有妇女。"①

《诗经》三百零五篇由谁收集和编成,过去有"王官采诗"和"孔子删诗"两种传说。

---

① 程俊英《诗经漫话》,上海文艺出版社,一九八三年五月,第一七页。

第五章 《诗经》

"采诗"据说是由上古时代传下来的一种制度，到周代还保存着。就是周王朝每年派专门的官员到各地去采集民歌民谣。这种官员，虽有行人、遒人、轩车使者等不同名称，但任务和目的是相同的，即通过采集歌谣，了解各地的风俗人情，察看政治的得失情况。这一制度先秦旧籍曾有零星的记载，但不如汉人说得详细具体。故而有人表示怀疑，以为是汉人的编造。尽管有这种疑问，但目前绝大部分学者还是倾向于采诗制度曾经存在过的意见。

"孔子删诗"说，最早由西汉的司马迁提出。班固因袭司马迁的意见，并说得更具体。不过，从唐代以后，有人开始怀疑"孔子删诗"说的真实性。孔颖达和朱熹都不相信删诗说。到了清代，朱彝尊、赵翼、崔述三人力攻删诗说的破绽，最终这个说法被推翻了。当然，推翻了删诗说，并不等于抹杀孔子对《诗经》的贡献。孔子曾为"诗三百篇"做过一番正乐的工作，这是事实。孔子自己曾说："吾自卫返鲁，然后乐正，雅、颂各得其所。"[1]

既然孔子不曾删诗，那么"诗三百篇"是什么人编订的呢？对此郭沫若先生在《奴隶制时代》一书中有一段极合情

---

[1] 《论语·子罕》，《四书集注》，中华书局，一九八三年十月，第一一三页。

理的解释:"《诗经》虽是搜集既成的作品而成的集子,但它却不是把既成的作品原样地保存了下来。它无疑是经过搜集者们整理润色过的。《风》、《雅》、《颂》的年代绵延了五六百年,《国风》所采的国家有十五国,主要虽是黄河流域,但也远及于长江流域。在这样长的年代里面,在这样宽的地域里面,而表现在诗里面的变异性却很少,形式主要是用四言。而尤其值得注意的,是音差不多一律。音的一律就在今天都很难办到,南北东西有各地的方言,音韵有时相差甚远,但在《诗经》里面却呈现着一个统一性。这正说明《诗经》是经过一道加工。"这个加工者可能就是周太师和诸位乐工。"诗歌集中在周王朝乐官的手里,并逐渐地增加完成,前后经过五百多年乐官们的编选,才算完成了这部书的编辑工作。"①

《诗经》中的作品,除少数而外,现在已无法知道它们的创作年代。大致说来,其中最早有西周初期的作品,最晚有春秋中叶的作品。从时间来说,始于公元前十一世纪,止于公元前六世纪,经历了五百多年漫长的岁月。

在《诗经》各个部分中,《周颂》的时间最早,是西周

---

① 高亨《诗经选注》,转引自程俊英《诗经漫话》,第三八——三九页。

前期的作品。《大雅》的大部分也作于西周前期。《小雅》各篇的时间拉得最长，既有西周时期的，也有春秋时期的。《国风》中的《周南》、《召南》，各篇之间的时间也拉得很长，有西周初年的，也有西周中后期或春秋时期的。十五《国风》，则大部分都是东迁以后的作品。《鲁颂》和《商颂》也都是春秋时期的作品。

第二节 《诗经》的编排

《诗经》按《风》、《雅》、《颂》三部分排列而成。从《左传·襄公二十七年》所记吴季札观周乐的故事看，那时鲁国的乐队就已经按照《风》、《雅》、《颂》的次序进行演奏，说明这种编排方式由来已久了。

《风》、《雅》、《颂》表示何义？先前的人往往从诗的体制和内容上来解释。例如，《毛诗序》从体制上解释《风》、《雅》、《颂》，认为"风"是讽，即不用正言，而以微辞托意的方法，来感化或讽刺别人。"雅"是正，是用正言来述说政治的兴废得失。又因为事有大小，所以又有《大雅》、《小雅》的区别。"颂"是容，即形容统治者的盛德，而将其功业告于神明，加以引申，又有颂德的意思。这是按体制来解释，还有按内容解释的。例如朱熹认为《诗经》中的《风》多出自里巷的歌谣,《雅》、《颂》都是成周时代朝廷郊庙的乐歌之辞,"所谓男女相与咏歌,各言其情者也。""其语和而应,其义宽而密,其作者往往圣人之徒,固所以为万世法程而不可易者也。"① 这两种解释虽在一定程度上符合《风》、《雅》、《颂》三部分诗篇的实际情况,但不能从根本上说明《诗经》编排方式的本意。所以,近人不大相信上述解释,而认为《风》、《雅》、《颂》不过是一种音乐上的分类,它们都是从音乐得名的。"风",即是声调,十五《国风》就是各国不同的声调。"雅",是正的意思,在周人看来,"雅"中各篇所配合的乐调,是正声,所以叫作雅。至于"雅"又分为"大雅"、"小雅","可能原来只有一种雅乐,无所谓大小,后来有新的雅乐产生,便叫旧的为大雅,新的为小雅"②。《颂》是用于宗庙祭祀的乐歌。近人王国维根据《颂》诗不用韵、不重叠及篇章短小等特点,指出它在音乐上的特征是声调比较缓慢。张西堂先生更进一步指出这种缓慢是因为用大钟伴奏的缘故。大钟古称镛,"镛"与"颂",古代

---

① 朱熹《诗集传·序》。
② 余冠英先生说,转引自金开诚《诗经》,中华书局,一九八〇年八月,第二五页。

可以通用假借。可知"颂"之得名，实因大钟的使用。

与"风"、"雅"、"颂"有关，古人有"六义"、"四诗"、"变《风》变《雅》"的说法。所谓"六义"，是指"风"、"雅"、"颂"、"赋"、"比"、"兴"。前面已经讲过，"风"、"雅"、"颂"是《诗经》分类的标准，或者说是诗的三种不同的体裁。"赋"、"比"、"兴"则属于艺术表现的方法。《毛诗序》将此二者并列在一起，称为"六艺"。

"四诗"是有人认为《周南》、《召南》是独立的部分，不能算在《风》里，应该和《风》、《雅》、《颂》并列，叫"四诗"。

"变《风》变《雅》"的说法，始于郑玄的《诗谱》。他认为《国风》中的《周南》、《召南》和《小雅》、《大雅》中的《鹿鸣》、《文王》等篇，是歌颂周室先王和西周盛世的，叫做"诗之正经"；而《国风》的《邶》、《鄘》、《卫》以下各部分，以及《小雅》的《六月》以下各篇、《大雅》的《民劳》以下各篇，产生于后代的衰乱之世，内容是怨刺和淫乱，所以叫做"变《风》"和"变《雅》"，"变"是对"正"而言。这种认识当然是错误的。实际上《诗经》里的一些讽刺诗和爱情诗，暴露了统治阶级的剥削压迫，歌颂了劳动人民纯洁的爱情，无论其思想性还是艺术性都是优秀的作品。

第三节 《诗经》的思想内容

《诗经》保存着大量的民歌，这是《诗经》的精华。民歌出自各个阶层的劳动者之口，反映了他们的思想、感情、愿望和追求，包含着丰富的社会内容。此外，《大雅》中几篇关于周部族发展的史诗以及关于宗庙祭祀的诗，虽然距离普通劳动人民的生活较远，思想性也较低，但作为研究周初社会发展的史料，仍有相当的价值。下面兹据学术界的一般概括，对《诗经》的思想内容进行简要的介绍。

一、反映劳动人民被奴役被压迫的诗歌

周代是中国奴隶制度的鼎盛时期。当时的劳动人民在奴隶主阶级的统治下，不仅遭受其残酷的经济剥削，而且还要忍受精神上、肉体上的折磨和损害。《诗经》中的不少诗篇真实地再现了劳动人民悲惨的生活状况。《豳风·七月》错综复杂地叙述了农民一年四季无休止的劳动过程和劳动生活的各个方面。《唐风·鸨羽》、《邶风·式微》描述了劳动人民在沉重的徭役负担的折磨下，所受的非人的迫害。《魏风·陟岵》、《邶风·击鼓》、《小雅·何草不黄》等篇则倾诉了劳动人民反对战争和兵役，思念家乡、亲人，渴望正常的劳动生活的心声。《伐檀》、《硕鼠》则是对剥削者贪得无厌,坐享其成的控诉和抗议,表现出劳动人民机敏倔强的个性。

二、反映爱情和婚姻的诗篇

爱情和婚姻是人们生活的自然要求之一,以此为题材是古今民歌中的常例。《诗经》也不例外,表现爱情、婚姻的诗特别多。《诗经》的头一篇《周南·关雎》就是一首人所熟知的情歌。它写出劳动人民对爱情幸福的热烈向往和顽强追求。《郑风·出其东门》以质直的表现方式,表达了主人公对爱情的执着和坚贞。《郑风·子衿》、《王风·采葛》描述了一对恋人暂时分别后,双方痛苦的思念之情,展示了他们纯真的内心世界。在《诗经》的许多爱情诗中,不少女性的歌唱,生动地显示了古代劳动妇女的真挚感情和朴实性格。《郑风·狡童》、《郑风·褰裳》就是这样的代表作。

《诗经》中的婚姻诗,不仅数量多,题材广,而且对婚姻生活反映真,刻画深。首先有描述各种婚事仪式的,如《桃夭》写的是送嫁,《著》写的是亲迎,《伐柯》写的是媒聘等等。其中特别是《桃夭》,诗人用准确而优美的比兴形象描写了新娘子的年轻美貌,并通过婚仪喜气洋洋气氛的烘托,反映了人民群众美好的生活愿望。其次是歌唱婚姻幸福和婚后家庭生活的作品,如《唐风·绸缪》描写新婚之夜的情景,

《郑风·女曰鸡鸣》描写劳动家庭夫妻的恩爱。《邶风·谷风》、《卫风·氓》则反映家庭生活的破碎和妇女被弃的悲惨命运。这些诗既有优美的抒情形式，又有深刻的社会意义，在《诗经》中享有重要的地位。然而千百年来，封建文人将此视为淫诗，给予百般曲解。只有到了今天，这些诗篇的真正价值才能得到发现和承认。

三、反映政治现象的诗

《诗经》中有许多反映政治现象的诗，这些诗多编在《大雅》、《小雅》里面。例如《小雅·节南山》、《大雅·瞻卬》、《小雅·十月之交》描写统治者对田产和屋宅的争夺，《大雅·桑柔》描写统治者对政权的争夺。对于统治者争权夺利的丑恶行径，劳动人民以诗为武器，予以辛辣的讽刺。像《卫风·新台》、《鄘风·墙有茨》，即揭露了卫国统治者的禽兽行为，《秦风·黄鸟》诅咒了罪恶的杀殉制度，表达了老百姓对子车氏"三良"的爱怜之情。此外，《大雅》的《生民》、《公刘》、《绵》、《皇矣》、《大明》五篇史诗，反映了周族起源、发展和建国的历史内容，是研究周代政治历史的宝贵材料。

第四节 《诗经》的艺术特色

《诗经》是我国第一部诗歌总集,也是中国文学的光辉源头。在艺术上,它有鲜明的特色,光辉的成就,对后世产生了十分深远的影响。

《诗经》的艺术特色主要体现在"赋"、"比"、"兴"这些艺术表现手法的成熟运用上。前面曾提过,"风"、"雅"、"颂"、"赋"、"比"、"兴"过去被称为诗的"六义"。但是,"风"、"雅"、"颂"属于分类,"赋"、"比"、"兴"则属于表现方式。什么是"赋"、"比"、"兴"?按照朱熹在《诗集传》中的解释,平铺直叙就是"赋",比喻就是"比",触物生情就是"兴"。这三者是汉以后对于诗歌表现手法的一种朴素总结,也是以《诗经》为代表的中国诗歌的表现特点。

"赋"在《诗经》中是用得最多的一种表现手法,主要见于《雅》、《颂》,《国风》中也有一些。《风》中运用赋法,最成功的例子是《豳风·七月》。全诗共八章,写一年四季的气候,写农奴的劳动:春耕、秋收、冬猎、盖房、筑屋;写农妇的劳动:采桑、养蚕、染织、制衣;写农民的衣食住行,写贵族的年终宴享。平铺直叙中饱含着农民的悲愤,渗透着劳动者的血泪,劳动人民对压迫者的反抗尽在不言之中。此篇堪称诗人用运赋法的典型。

"比"的手法在《诗经》中用得也很广,而且形式多样,手法娴熟。诗人常常通过比喻来丑化敌人。例如,《魏风·硕鼠》用硕鼠的丑恶形象,揭露了剥削阶级的寄生虫本质。《齐风·南山》用雄狐来暴露齐襄公的淫乱与阴险。《邶风·新台》更把乱伦好色的卫宣公比为癞蛤蟆。此外,诗人也往往用比喻来诉说自身的遭遇。例如《唐风·鸨羽》中,诗人为了控诉统治者滥征徭役,而使劳动者转徙不定,就拿鸨来作比。因为鸨的脚上没有后趾,所以在树枝上栖息不稳,用以比喻人民居处无定,辛苦劳碌,给人以深刻的印象,产生强烈的同情。

"兴"是《诗经》里普遍应用的一种艺术手法,主要出现在诗歌的起头上。常见的方式是先用一二句话描写周围的景物或自己正在进行的动作,以引起下面的歌辞。例如《齐风·南山》章首先以"南山雀雀,雄狐绥绥"起兴,以高大的南山,隐喻国君的尊严,用雄狐的无耻,比喻襄公的丑行。《周南·桃夭》章以"桃之夭夭,灼灼其华"起兴,用以象征新娘子年轻而貌美。另外,《诗经》中还有一些其他的用"兴"手法。例如《陈风·月出》以"月出皎兮"、"月出皓兮"、"月出照兮"起兴,暗示出诗中事情发生的时间、环境,说明诗中所写的这位正在单相思的男子,他所望的女子是出现在皎洁的月光下。

从上面极为简单的关于《诗经》"赋"、"比"、"兴"手法的多样化运用的叙述中可以看出,诗人既具有丰富的生活经验,对各种事情的特征有深刻的观察和感受,又具有高度的艺术想象能力。正是这二者的巧妙结合,才使这些艺术手法得到充分的展示和表现,从而把《诗经》的艺术水平推到一个崭新的高度。

除"赋"、"比"、"兴"外,《诗经》中还成功地运用了复叠、对偶、夸张、呼告、设问、顶真、对比等修辞手法。这些手法对烘托气氛,增强诗篇的感染力量,都产生了较好的效果。通过这一系列艺术手法,《诗经》这块锦缎被装饰得更加绚丽缤纷,光彩动人。

第五节 《诗经》学源流

《诗经》三百余篇,本是西周、春秋时期一种配乐演唱的乐歌。它大致有两个方面的作用:一方面用于祭祀、宴会和各种典礼上,当作仪式的一部分或娱乐宾主的节目;另一方面用于政治、外交及其他社会生活中,当作传情达意的工具,即周代所谓的"献诗陈志"。

到了孔子的时代,情况开始发生较大的变化。首先,诗与乐开始分家,出现了各自独立发展的新趋势。其次,"陈诗"与"赋诗"不再时兴。这样,学诗的目的就由以前为在社会活动中发挥实际作用,变为现在用诗来修身养性。经过不断发展,诗的教化意义和封建教化的原则发生了联系。这种联系不断加强,到战国时代,诗基本上成为说教的工具,而且由于诸子百家争鸣辩难的现实需要,各家纷纷传习诗篇,并以诗立论,阐发、论证自己的政治主张。各家相比,儒家对诗的重视程度最高,传授也最成系统。正因如此,诗渐渐地就变成儒家专门的学问。

秦始皇焚书坑儒,《诗》是焚禁的重点,因而《诗》的传授处于秘密状态。汉初传习《诗经》的共有鲁、齐、韩、毛四家。前三家属于今文,武帝时立于学官;《毛诗》属于古文,东汉时立于学官。

《鲁诗》因鲁人申培得名。据《汉书·儒林传》记载,申培(汉人习称申公)是荀子门人浮丘伯的学生,著有《鲁故》、《鲁说》两种《诗》学书籍,门徒很多。孔安国、刘向等西汉大儒都宗主《鲁诗》,说明《鲁诗》在西汉的威信比较高。

《齐诗》出于齐人辕固生。他是景帝时的博士,著有《诗

第五章 《诗经》

传》。《齐诗》后学好言阴阳五行、机祥灾异,汉元帝以后非常流行。据《汉书·艺文志》著录,《齐诗》方面的著作有《齐后氏故》、《齐孙氏故》、《齐后氏传》、《齐孙氏传》、《齐杂记》。

《韩诗》出于燕人韩婴。他在文帝时做过博士,景帝时做过常山王太傅,撰有《韩诗内传》、《韩诗外传》,其中《外传》一直保存到今天。他的弟子撰有《韩故》、《韩说》、《韩诗薛氏章句》。

鲁、齐、韩三家诗流行于西汉,东汉以后,《毛诗》兴起,三家诗逐渐衰落下来。据史籍记载,《鲁诗》亡于西晋,其遗说保存在《史记》、《说苑》等书;《齐诗》亡于曹魏,其遗说见于《仪礼》、《礼记》、《易林》、《盐铁论》等书;《韩诗》亡于宋代,其遗说除《韩诗外传》外,多散见于类书中。

《毛诗》因毛公而得名。毛公即大毛公毛亨,六国时人,系子夏的学生,作《毛诗故训传》在民间传授。汉初河间献王发现了这部书以后,将其后学小毛公毛苌立为博士。西汉时重视三家诗,《毛诗》受到冷落。东汉以后,古文经盛行,逢其机会,《毛诗》大受学者的青睐,卫宏、郑众、贾逵、马融、郑玄都研究《毛诗》。特别是郑玄,为《毛诗》作笺后,扩大了它的影响和传播。此后《毛诗》的地位日益稳固,三家诗便不再通行了。

魏晋南北朝时期,《诗经》学主要围绕着毛《传》郑《笺》做文章,其中晋人陆玑的《毛诗草木虫鱼疏》、隋人刘炫的《毛诗述义》、刘焯的《毛诗义疏》最负盛名。唐初官撰《五经正义》中的《毛诗正义》,即熔铸陆玑、二刘著作所成。所以,这部书能够融会群言,包罗古义,集《毛诗》学之大成。此书颁行后,成为唐代《毛诗》学的正宗,终唐之世,人无疑义。

进入宋代,《诗经》学出现了所谓尊毛与反毛的斗争。这一斗争的实质是宋学与汉学的争论。斗争先由《诗序》问题开始。《诗经》的每首诗的开头,都有一段序,类似后来的解题,称为《诗序》。据清人考证,三家诗也各有诗序,但多已失传。后人所说的《诗序》,专指《毛诗》的序而言,所以《诗序》又称为《毛序》或《毛诗序》。

《诗序》又有大序、小序之分。怎样分法,前人的说法很不一致,大体上有三种说法:

① 《诗经》的头一篇作品《关雎》之前,有一段特别长的序文,叫做大序,《关雎》以下的各篇作品,每篇之前只有一段小序文,叫做小序。

② 《关雎》之前的一大篇序文应分为两段,以"用之邦国焉"一句话为界,前面的段落是说明《关雎》一篇之意的,

为小序；后面的段落是概论全书的，为大序。

③ 称每一首诗歌序文的头一句为小序，头一句以下的文字，叫大序。

《诗序》的作者是谁？也是众说纷纭。有的认为是孔子的门徒子夏作的，有的认为是子夏先作、东汉卫宏补作的，还有的认为是卫宏作的。

《诗序》的内容主要倾向于以史证诗，即把每一篇诗和历史上的人物、史事比附起来，从而来推断每一篇诗的时代和写作目的。这导致了穿凿附会，对作品曲解的流弊。《诗序》有价值的地方是论述了不少关于诗的理论问题。如诗歌的特点，诗歌与乐舞的关系，诗歌与时代政治的关系，等等。这些论述都闪现了古代文艺理论的光辉。

宋代的欧阳修作《诗本义》，首先向《诗序》发难。后来郑樵作《诗辨妄》、程大昌作《诗论》继续进行攻击。到朱熹的《诗集传》和《诗序辨说》出来，《毛序》的权威就开始动摇了。宋人不仅在疑辨《诗序》方面功劳卓著，而且在阐发诗理方面有特殊的贡献。朱熹的《诗集传》就是一部具有鲜明的宋学特点的代表作。这部书在文字训诂、名物考释方面虽不如汉儒精到，但对《诗经》艺术特色的认识，对《诗经》内容的把握和理解，特别是对《国风》部分的情诗的解释，比较符合现实情况。此外，注释文字浅近明白，章后又有概括性的说明，极便于阅读。所以，此书问世后，一直盛行不衰。

元明二代，《诗经》学著作皆祖述朱《传》，没有太多的新义。比较重要的有元人刘瑾的《诗传通释》、刘玉汝的《诗缵绪》、明人胡广的《诗集传大全》和朱善的《毛诗解颐》等。

清代汉学复兴，宋学受挫，《毛诗》重新受到重视，出现了以陈启源《毛诗稽古编》、胡承珙《毛诗后笺》、陈奂《毛氏传疏》、马瑞辰《毛诗传笺通释》为代表的一大批尊毛著作，同时也出现了以魏源《诗古微》、姚际恒《诗经通论》、方玉润《诗经原始》、崔述《读风偶识》为代表的反毛著作。此外，三家诗遗说的搜集整理工作，也达到高潮。这项工作最早始于南宋王应麟的《诗考》，但搜罗极不完备，清人踵事增华，先后出现了范家相的《三家诗补遗》、丁晏的《诗考补注补遗》、阮元的《三家诗补遗》、陈桥枞的《三家诗遗说考》以及马国翰《玉函山房辑佚书》有关《诗经》部分。在这些辑佚之作的基础上，清末的王先谦后来居上，完成集大成之作——《三家义集疏》。清代在对《诗经》内容和形式作某一方面的研究上，也作出了重要的成绩。如顾炎武的《诗本音》、江有诰的《诗经韵读》专讲音韵，洪亮吉的《诗天文考》专讲天文，王筠的《毛诗重言》专讲重叠。这些著作对于深入研究探讨《诗经》,具有一定的价值。

近代以来,由于新观点、新方法的不断输入,卜辞、金文等新资料的陆续发现,《诗经》学研究得到空前的发展,《诗经》作为诗的价值得到真正的发掘,《诗经》作为史料的价值受到真正的重视,产生了不少今注今译作品和许多内容新颖的《诗经》研究著作。王国维、郭沫若、闻一多、朱自清、张西堂、高亨、余冠英、孙作云、程俊英等先生,对于《诗经》研究都作出了重要的贡献。

第六章 《仪礼》

第一节 《仪礼》的成书

《仪礼》原来称为《礼》,汉人称为《士礼》或《礼经》。《仪礼》这个名称大约出现于晋代。这是保存到现在的记载古代生活和礼仪制度最早的书。

《仪礼》的编者和成书时间,同其他经典一样,难以确定。传统的说法有两种,一说成于周公,一说成于孔子。前一说不大可信,已遭到不少学者的否定。清人姚际恒的《礼经通论》就说:"《仪礼》是春秋以后儒者所作,如《聘礼》皆述春秋时事,又多用《左传》事,尤可见。"又说:"祝辞多用《诗》语,便知《仪礼》为春秋后人所作。"后一说出于司马迁,影响极大。据司马迁所记,孔子之所以编辑古《礼》,是因为他所处的时代社会动荡,《礼》崩《乐》坏。为了不致于

第六章 《仪礼》

使这些维系周朝统治的精神支柱完全倾倒,孔子便收拾丛残,编辑了《礼》。

从表面看,司马迁的这个说法还是很有根据的。据史书记载,孔子一生最重视礼仪制度。童年戏耍时,即"常陈俎豆,设礼容"。长大以后更是非常留意三代的礼和当时各国的礼,为此,他还专程到周朝问礼。《论语·八佾》说:"子入太庙每事问"。可见,即使在平时,他对礼也极为关心和重视。正因为如此,后来孔子开办私学时,礼就成了一门重要课程。为了教学,孔子对古《礼》进行整理编辑,形成了一种《礼》的教材。这样讲,似乎也可以讲通,但是按照先秦书籍形成的通例,这样的书并不能一次定型。所以说,《礼经》由孔子编辑而成是不太准确的。可以肯定,《礼经》也是出于众手的作品,不过其编者主要限于儒家,因为礼学实质上是儒家的专学。关于《仪礼》一书的成书时间,目前学术界一般认为可能在晚周。钱玄同认为,在"五经"中,大概《仪礼》问世最晚。这虽然是推测之词,恐怕比较可信。

需要明确的是,作为古代礼仪活动文字记录的《仪礼》,它出现的时间虽然比较晚,但那些礼仪活动却几乎是与人类俱来的。杜国庠先生曾对礼的起源,发表过十分精到的意见:"人类的生活自始就是社会的生活。在社会中,人们共同生活，共同劳动，也共同娱乐。经过了相当的时期，某些生活方式定型化了，一到大家认为非这样做不可的时候，它们便成为某种礼节，即是'礼'。"① 同世间任何事物一样，礼最初也是既简又俭，随着社会的发展、经济的进步，礼的内容不断充实，礼的形式也日益繁缛，并被固定下来。《仪礼》即属于记载或描述这种定型化礼仪和礼俗的东西。

第二节 《仪礼》的篇目和内容

西汉时期《仪礼》被立于学官。这个立于学官的《仪礼》，其篇目大约与今本《仪礼》的篇目一样，都是十七篇。不过这十七篇《仪礼》的排列次第在汉人所传的三个本子中是不甚相同的。下面分别来看戴德、戴圣和刘向《别录》三个本子中《仪礼》的篇次：

①戴德本（大戴本）的次序是：《士冠礼》第一，《士婚礼》第二，《士相见礼》第三，《士丧礼》第四，《既夕礼》第五，《士虞礼》第六，《特牲馈食礼》第七，《少牢馈食礼》第八，《有司彻》第九，《乡饮酒礼》第十，《乡射礼》第十一，《燕礼》

---

① 杜国庠《杜国庠文集》，人民出版社，一九七七年十一月，第二七〇页。

第十二,《大射礼》第十三,《聘礼》第十四,《公食大夫礼》第十五,《觐礼》第十六,《丧服》第十七。

②戴圣本(小戴本)的次序是:《士冠礼》第一,《士婚礼》第二,《士相见礼》第三,《乡饮酒礼》第四,《乡射礼》第五,《燕礼》第六,《大射礼》第七,《士虞礼》第八,《丧服》第九,《特牲馈食礼》第十,《少牢馈食礼》第十一,《有司彻》第十二,《士丧礼》第十三,《既夕礼》第十四,《聘礼》第十五,《公食大夫礼》第十六,《觐礼》第十七。

③刘向《别录》本,即保存到今天的郑玄注本的次序是:《士冠礼》第一,《士婚礼》第二,《士相见礼》第三,《乡饮酒礼》第四,《乡射礼》第五,《燕礼》第六,《大射礼》第七,《聘礼》第八,《公食大夫礼》第九,《觐礼》第十,《丧服》第十一,《士丧礼》第十二,《既夕礼》第十三,《士虞礼》第十四,《特牲馈食礼》第十五,《少牢馈食礼》第十六,《有司彻》第十七。

一九五九年七月在甘肃省武威县东汉墓出土了九篇《仪礼》,其中木简甲本保存有《士相见之礼》第三,《服传》第八,《特牲》第十,《少牢》第十一。《有司》第十二,《燕礼》第十三,《泰射》第十四共七篇。经专家考定,这是西汉晚期庆氏礼的残本。按照这七篇篇首所记的篇名和篇次数字，可以推定它的篇次顺序应当是：《士冠礼》第一，《士婚礼》第二，《士相见礼》第三，《乡饮酒礼》第四，《乡射礼》第五，《士丧礼》第六，《既夕礼》第七，《服传》第八，《特牲》第十，《少牢》第十一，《有司》第十二，《燕士》第十三，《泰射》第十四，《聘礼》第十五，《公食》第十六，《觐礼》第十七。

从上列四种本子的篇目顺序来看，二戴礼和庆氏礼本是一师之徒，但他们所传《仪礼》的篇次既和刘向《别录》本的篇次不同，彼此之间也不一样。不仅如此，其篇题及正文字句也有较大的歧异之处。这种不同和歧异，正是西汉时期经学传授过程中恪守家法的真实反映。

礼经篇目的排列次序，表面看似乎无关紧要，其实不然。篇目的次序，直接关系到古人对礼的起源和发展的认识，通过礼的排列顺序，后人可以从中考知当时人的礼学见解，对于思想史和制度史的研究都具有一定的意义。所以，自古以来篇次的研究一直受到学者的重视。

那么，二戴本和刘向《别录》本三者哪一种顺序更合理些呢？古代较多人的意见倾向于后者。据说郑玄选择刘向《别录》本做注，就是认为此本以"尊卑吉凶，次第伦叙"①，较为合理。至于大戴、小戴皆"尊卑吉凶杂乱，故郑玄皆不从之"②。然而，清人邵懿辰不同意这种意见。他根据《礼记·昏义》"夫礼始于冠，本于昏，重于丧、祭，尊于朝、聘，和于乡、射，此礼之大体也"的说法，认为戴德本的次第符合《昏义》所讲的规定，最为合理，而小戴礼的次序最为杂乱，看不出明确的系统。刘向《别录》本虽然不及《大戴礼》缀次合理，但也有自己的标准，即按照"礼"的内容来编列，"以《婚》、《冠》、《射》、《乡》、《朝聘》十篇为吉礼，居先，而《丧祭》七篇为凶礼，居后"③。清人皮锡瑞对邵氏的看法大加赞赏，皮氏甚至告诫人们说："学者治礼，当知此义，先于冠、婚、丧、祭、乡、射、朝、聘八者求之。"④应当说，邵懿辰的分析是有一定道理的。不过，假若拿今人有幸见到的属于庆氏系统的本子和大戴礼相比的话，可能还应当承认庆氏礼的排列更系统、更合理。

---

① 贾公彦《仪礼疏》，转引自《周予同经学史论著选集》，上海人民出版社，一九八三年十一月，第二四三页。
② 同上。
③ 邵懿辰《礼经通论》，转引自皮锡瑞《经学通论·三·三礼》，中华书局，一九八二年九月，第一五页。
④ 皮锡瑞《经学通论·三·三礼》，中华书局，一九八二年九月，第一五页。

《仪礼》记录的古代礼仪和礼俗，因内容不同，适应对象也不一样。有的流行在民间，有的适用于贵族，有的专用于国君。研究和了解各篇的具体内容，不仅有助于了解战国以前社会生活的一些侧面，而且可以探视到远古社会的一些史影。王文锦先生曾对《仪礼》的内容进行过极其精洁的概括，⑤兹将王先生的介绍文字加以归纳，以见《仪礼》内容之一斑：

①《士冠礼》，记载贵族子弟成人加冠这一礼节的详细经过。

②《昏礼》，记载青年男女在双方家长主持下，从纳采到婚后庙见的一系列礼仪。

③《士相见礼》，记载贵族与贵族第一次交往，带着礼节登门求见和对方回拜的礼节。

④《乡饮酒礼》，记载的是古代基层行政组织定期举行的以敬老为中心的酒会仪式。

⑤《乡射礼》，记载的是古代基层行政组织定期举行的射箭比赛大会的具体仪节。

⑥《燕礼》，记载的是诸侯及其大臣举行酒会的详细礼节。

---

⑤ 王文锦《仪礼》，《经学浅谈》，中华书局，一九八四年七月，第五五——五六页。

⑦《大射礼》，记载的是在国君主持下举行的射箭赛会的具体仪节。

⑧《聘礼》，记载的是国君派遣大臣到他国进行礼节性访问的具体细节。

⑨《公食大夫礼》，记载的是国君举行宴会招待来访外国大臣的礼节。

⑩《觐礼》，记载的是诸侯朝见天子的礼节。

⑪《丧服》，记载的是人们对死去的亲属，根据亲疏远近而在服丧和服期上有种种差别的制度。

⑫、⑬《既夕礼》，记载的是一般贵族从死到埋葬的一系列的详细制度。

⑭《士虞礼》，记载的是一般贵族埋葬其父母后，回家所举行的安魂礼。

⑮《特牲馈食礼》，记载的是一般贵族定期在家庙中祭祀祖祢的礼节。

⑯《少牢馈食礼》、⑰《有司彻》，这两篇记载的是大夫一级的贵族在家庙中祭祀祖祢的礼节。

第三节 《仪礼》学源流

上古的《礼》，是孔子教授学生的课程，所以，所谓《礼》学，几乎无不出自儒家。孔子死后，《礼》学代代相传，绵延不绝。齐鲁地区的儒生，即使在秦始皇焚书坑儒的可怕年代和楚汉相争的险恶环境中，也没有停止《礼》学的传习。西汉初年，鲁人高堂生首先传授《仪礼》十七篇。他的第一个著名弟子叫萧奋，此人曾以《礼》升任淮阳太守。萧奋再传，传给武帝时的后苍。后苍撰成《后氏曲台记》一书，这是西汉第一部重要的《仪礼》注释书。后苍还培养出不少《礼》学专家，著名的是庆普、戴德（大戴）、戴圣（小戴）三位。后来，这三位各自成家，汉宣帝时，皆被立于学官。

东汉时期，《大戴礼》和《小戴礼》立为博士，然而民间重视的则是《庆氏礼》。解放后武威汉墓出土庆氏本《仪礼》即是明证。当时，在《仪礼》方面最重要的著作是马融的《丧服经传注》和郑玄的《仪礼注》。前者开六朝单独研究《丧服》篇的先河，后者是郑注"三礼"[①]之一，前无所承，

[①] "三礼"，指《周礼》、《仪礼》和《礼记》，因郑玄为其作注而得名。两汉之《礼》学，实"三礼"之学，后世因而不改。然"五经"中之《礼》，汉朝指《仪礼》，唐以后指《礼记》，与《周礼》无涉。

对十七篇逐句索解，具有很高的学术价值。郑注的问世，标志着《仪礼》研究提高到一个新的高度。后世能读懂《仪礼》并利用书中的材料考证古史，也主要凭借郑注。

魏晋南北朝时期，《礼》学内部出现了一些新的变化。一个重要的表现是《仪礼》地位下降，《小戴礼》（即《礼记》）和《周礼》地位上升。结果，《仪礼》除《丧服传》大受重视外，其他各篇几乎无人问津了。据《隋书·经籍志》记载，当时有关《丧服传》的撰述不下五十多种。之所以会出现这种现象，这与魏晋以后大讲孝道的社会思潮有密切的关系。当时，《丧服传》不仅受到学术界的重视，而且更引起统治者的注意。正是从魏晋开始，以《丧服传》中的五服制度为基础的礼制介入封建法律，使法律完全儒家化，从而在法律上确立了"准五服以治罪"的原则。

唐代是经学统一的时代。以《五经正义》为标志的新的"五经"系列，是经学史上出现的一个重大变化。此后，过去只属于"传"的《小戴礼》正式升入"五经"的行列，成为巍然不可侵犯的"经"，而昔日位居"五经"之列的《仪礼》，则沦为"九经"之一。虽然仍未失掉"经"名，仍有唐人贾公彦为之作疏，但"九经"与"五经"难以同日而语。这一变化反映出儒学对于封建政权正发挥着越来越大的作用。

封建统治者为加强统治，不得不首先加强和充实儒学，以期使儒学能对封建政治发生更大的影响。在这种形势下，封建礼学的中心，就从《仪礼》转到《礼记》。这也就是唐代《仪礼》学著述异常稀少的原因。

此风延及北宋，学者既重《礼记》，又重《周礼》，唯独不太关心《仪礼》。到了南宋，两浙转运判官曾逮首先将经过校勘的郑注《仪礼》刊印出来，从而为《仪礼》学的复兴奠定了基础。此后，《仪礼》学渐渐复兴，出现了一些有关的著述，重要的有李如圭的《仪礼集释》、朱熹的《仪礼经传通释》、杨复的《仪礼图》和《仪礼旁通图》、魏了翁的《仪礼要删》。

元明两代，《仪礼》学沿宋学之旧，缺少发明。元人吴澄的《仪礼逸经传》、敖继公的《仪礼集说》是较重要的著作。

进入清代，《仪礼》学大兴。张尔歧、万斯大称得上是开风气的人物。张氏承继家学，殚精竭虑，撰成《仪礼郑注句读》。这部书全录郑注，间采贾疏而断以己意。此外，对于各本字句的异同，有极其详尽的考证和校勘。《仪礼》一书向称难读，这部书为人们读通《仪礼》提供了重要的帮助。万斯大是《礼》学名家，兼通"三礼"。他的《仪礼商》，按照己意，对十七篇《仪礼》逐篇讲说。这部书虽不如张尔歧的书谨朴，但也足成一家之言。有清一代，在张、万二人的影响下，《仪礼》学名家叠出，著述甚丰。有的侧重考订字句，是正讹脱；有的侧重删正旧注，订其缺失；有的侧重发凡起例，重造新疏等等。其中盛世佐的《仪礼集编》、褚寅亮的《仪礼管见》、秦蕙田的《五礼通考》、段玉裁的《仪礼汉读考》、凌廷堪的《礼经释例》、张惠言的《仪礼图》、胡培翚的《仪礼正义》、邵懿辰的《礼经通论》价值较高，影响较大。

晚近以来，对《仪礼》用功最深的是杨宽先生。他的《古史新探》一书，对于《仪礼》的内容进行了深入细致的探讨，解决了许多聚讼已久的问题，堪称近几十年来《礼》学研究最重要的成果。

第七章 《礼记》

第一节 《礼记》的编者和成书

《礼记》本是解释《仪礼》的书,地位相当于"传"。但从唐代开始,《礼记》取《仪礼》而代之,顿然升入"五经"。

《礼记》是谁编订的?怎样编成的?对这些问题,自来没有一致的看法。大体上有两种意见:

①《礼记》由戴圣编订。这个说法最早由郑玄提出。《六艺论》[①]说:戴德传记八十五篇,则《大戴礼》是也,戴圣传记四十九篇,则此《礼记》是也。戴德、戴圣本是叔侄,所以把戴德所编的传记称为《大戴礼记》,把戴圣所编的传记叫做《小戴礼记》。《小戴礼记》因列入唐代的"五经",

---

① 引自孔颖达《礼记正义·序》,《十三经注疏》本。

第七章 《礼记》

《礼记》就成了《小戴礼记》的专名。

②《礼记》由戴圣、马融、卢植共同（非一个时代）编成，而且是在删削《大戴礼记》的基础上编成的。这个说法出自晋代的陈邵。《经典释文·叙录》引陈邵之说云："戴德删古《礼》二百四篇为八十五篇，谓之《大戴礼》；戴圣删《大戴礼》为四十九篇，是为《小戴礼》。后汉马融、卢植考诸家同异，附戴圣篇章，去其繁重及所叙略，而行于世，即今之《礼记》是也。"按照这个说法，《礼记》的成书经过了几个阶段：首先，戴德经过删削二百四篇的古《礼》，形成《大戴礼》而成；其次，戴圣经过删削八十五篇的《大戴礼》，形成四十九篇的《小戴礼》；第三，马融、卢植进一步整理《小戴礼》，使其稳定下来。《隋书·经籍志》的说法与此大致相同，只是认为《小戴礼记》的篇目原为四十六篇，马融将《月令》、《明堂位》、《乐记》三篇列入，始成四十九篇。

上述意见中，小戴删大戴和马融增益三篇的说法，遭到清儒激烈的攻击。戴震认为刘向《别录》已经说《礼记》为四十九篇，小戴弟子桥仁已撰著《礼记章句》四十九篇，则马融增益三篇的说法绝不可靠。另外，像见于《大戴礼》中的《哀公问》、《投壶》二篇，又列在《小戴礼》中，"他如《曾子大孝》篇见于《祭义》，《诸侯衅庙》篇见于《杂记》，

《朝事》篇自'聘礼'至'诸侯务焉'见于《聘义》,《本事》篇自'有恩有义'至'圣人因杀以制节'见于《丧服四制》。"① 可见《隋书·经籍志》所说的"小戴删大戴"的说法是根本不足凭信的。钱大昕在《二十二史考异》的《汉书考异》中,也进行了精辟的考证。他认为《小戴礼》四十九篇,《曲礼》、《檀弓》、《杂记》皆以简册重多,分为上下,实际上只有四十六篇,合大戴八十五篇,正好是《汉书·艺文志》所说的"礼,百三十一篇"的数目,所以《小戴礼》并非删《大戴礼》而成。之后陈寿祺、邵懿辰、皮锡瑞等人进一步加以论证,终于否定了"小戴删大戴"和"马融增益三篇"的说法。清人大体上肯定《礼记》是由戴圣编订的。

晚近以来,一些学者不满足清人的结论,继续考证这一问题。最有代表性的是洪业先生在其名文《礼记引得序》②中提出的新说。他认为西汉时期礼经指《士礼》,即《仪礼》,学者在传习《仪礼》的时候,都要附带传习一些解释、说明和补充《礼》经的所谓"记"。这种记,世代相传,积累得很多,不是一时一人之作。到西汉时期,经过秦火的焚烧和战乱的

---

① 转引自洪业《洪业论学集·礼记引得序》,中华书局,一九八一年三月,第二一一页。

② 已收入《洪业论学集》。

丢弃，剩下的古《记》已经不多，据《汉书·艺文志》载，只剩下一百三十一篇。所以，西汉的礼家在传授《仪礼》的时候，就从这些古《记》中选取有用的东西，编辑成策，用于教授。这些选本往往随个人兴趣而有所增删，即使是一个较好的选辑本，它的篇数、篇次也没有绝对的固定性。到了东汉，古文学空前兴盛，西汉人传习的记中，于是就掺进了古文学的内容，像《明堂位》、《投壶》二篇就完全是逸《礼》的东西，而《玉藻》、《深衣》就属于《周礼》等等。所以，很难说四十九篇《礼记》就是由西汉的戴圣编写的。那么《大戴礼》、《小戴礼》表示什么意思呢？洪业先生根据汉人的引文中"不曰戴德、戴圣，不曰大戴、小戴，而仅有礼戴与大戴之殊"，从而推论：《大戴礼记》因其篇数较多（八十五篇），故名。《小戴礼记》因其篇数较少（四十九篇），故名。它们与戴德、戴圣所选本子的原貌距离很大。

洪先生立论严谨，考辨精博，这个论断日益为学术界所承认和接受。

第二节　《礼记》的篇次和内容

今天我们见到的《礼记》，是杂糅今古学内容由东汉郑玄作注的本子，凡四十九篇。其目次是：

《曲礼上》第一，《曲礼下》第二，《檀弓上》第三，《檀弓下》第四，《王制》第五，《月令》第六，《曾子问》第七，《文王子》第八，《礼运》第九，《礼器》第十，《郊特牲》第十一，《内则》第十二，《玉藻》第十三，《明堂位》第十四，《丧服小记》第十五，《大传》第十六，《少仪》第十七，《学记》第十八，《乐记》第十九，《杂记上》第二十，《杂记下》第二十一，《丧大记》第二十二，《祭法》第二十三，《祭义》第二十四，《祭统》第二十五，《经解》第二十六，《哀公问》第二十七，《仲尼燕居》第二十八，《孔子闲居》第二十九，《坊记》第三十，《中庸》第三十一，《表记》第三十二，《缁衣》第三十三，《奔丧》第三十四，《问丧》第三十五，《服问》第三十六，《间传》第三十七，《三年问》第三十八，《深衣》第三十九，《投壶》第四十，《儒行》第四十一，《大学》第四十二，《冠义》第四十三，《昏义》第四十四，《乡饮酒义》第四十五，《射义》第四十六，《燕义》第四十七，《聘义》第四十八，《丧服四制》第四十九。

从性质上说《礼记》，应当是解释、说明《仪礼》的书，但从今本来看，它并不是依经而作，实际上它是一部儒学杂编。

第七章 《礼记》

据王文锦先生归纳，[①] 其庞杂的内容大体上可分成以下几个方面：

①专记某项礼节的，体裁与《仪礼》相近，如《奔丧》、《投壶》等。

②专释《仪礼》的，如《冠义》、《昏义》、《乡饮酒义》、《射义》、《燕义》、《聘义》、《丧服四制》。它分别解释《仪礼》中《士冠礼》、《昏礼》、《乡饮酒礼》、《乡射礼》、《大射仪》、《燕礼》、《丧服》各篇，与《仪礼》关系，最为密切，体例最接近"记"。

③专记丧服丧事的，如《檀弓》、《曾子问》、《丧服小记》、《杂记》、《丧大记》、《奔丧》、《问丧》、《服问》、《间传》、《三年问》、《丧服四制》等。

④记述各种礼制的，如《王制》、《礼器》、《郊特牲》、《玉藻》、《明堂位》、《大传》、《祭法》、《祭统》、《深衣》等篇。

⑤专记日常生活礼节和守则的，如《曲礼》、《内则》、《少仪》等篇。

⑥记述孔子言论的，如《坊记》、《表记》、《缁衣》、

[①] 王文锦《礼记》、《经书浅谈》，中华书局，一九八四年七月，第六五——六六页。

《仲尼燕居》、《孔子闲居》、《哀公问》、《儒行》等篇。当然这大都是托名孔子的儒家言论。

⑦结构完整、思想系统的儒家论文,如《礼运》、《学记》、《祭义》、《经解》、《大学》、《中庸》。

⑧其他,如授时颁政的《月令》,意在为王子提供模范的《文王子》等。

从上述内容看,《礼记》涉及的范围非常广泛,先秦时期的政治制度、经济制度、思想学说以及日常的礼仪礼节、生活规范等都有所反映。所以,无论对于政治史研究或思想史、学术史的研究,《礼记》都可提供非常宝贵的材料。

第三节 《礼记》学源流

前面已经说过,"记"这种文字至少在战国时期已经具有相当数量了。秦汉以后,礼学家们根据传习的需要,各取所需,选编了各种《礼记》的本子。大约到东汉中期,经过社会的长期选择和淘汰,《大戴礼》和《小戴礼》两种本子得到承认,被保留下来,成了习《礼》者经常浏览的参考书。

然而,直到东汉郑玄以前,《大戴礼记》八十五篇或《小戴礼记》四十九篇,从未有人给它们作注。郑玄遍注群经,

第七章 《礼记》

于是发凡起例,对《小戴礼记》加以注释。从此《小戴礼记》与郑注《周礼》、《仪礼》并列,合称"三礼"。郑玄的"三礼"注以今文说古文,以古文说今文,将今古说糅合起来,极大地混淆了今古学的界限,使以前水火不相容的今古文得以会通,开创了综合研究"三礼"的新风气。曹魏时,王肃兼并诸家,参合异同,撰成《三礼注》,其中《礼记》占三十卷。王肃遵崇东汉贾逵、马融之说,而不喜欢郑玄之义,所以著书立说,总是和郑玄相反,往往以今文攻郑注古文,以古文攻郑注今文。这样一来,古《礼》的面貌就完全迷乱了。郑玄的后学不服王肃对乃师的指责,孙炎撰《礼记音义隐》、《礼记注》,郑小同撰《礼义》,畅发郑旨而驳难王注。但是,晋武帝司马炎是王肃的外甥,在政治力量的保护下,王学得到了很快的发展,而郑学几乎被废黜。六朝时期,"三礼"的地位开始出现较大的变化:《礼记》地位上升,日益受到重视,属于古文经的《周礼》仅次于《礼记》,也比较兴盛,而《仪礼》除《丧服》一篇受到重视外,其他的几乎很少有人问津了。这一时期有关《礼记》的著述大量出现,较重要的有晋王懋约的《礼记宁朔新书》、徐邈的《礼记音》、宋业遵的《礼记注》、雷顺之的《礼记义疏》、梁武帝的《礼记大义》、《中庸讲疏》、贺杨之的《礼记新义疏》、皇倪的《礼记义疏》、《礼记讲疏》，沈重的《礼记义疏》、褚晖的《礼记文外大义》等。与此同时的北朝，《礼记》学也非常兴盛，徐遵明、李铉、熊安生都是享有盛誉的学者。其中熊安生的《礼记义疏》最受推崇。

唐代诏孔颖达撰《礼记正义》，以此为标志，南北《礼》学实现统一。从此《礼记》的官学地位正式确立，以后的各封建王朝无不遵行其制。《礼记正义》后来居上，能遍采南北《礼》学之长，从而把《礼记》的研究注释推到一个新的高度。唐代除官撰《礼记正义》外，私家有关《礼记》的重要著作首推魏征的《类礼》。魏征认为《小戴礼记》综汇不伦，于是采撷旧文，以数年时间完成《类礼》二十篇。唐玄宗时曾有人建议将这部书列"经"，后因张说反对才没有实行。五代，与《礼记》有关的最重要的《礼》学著作是周世宗柴荣诏国子司业聂崇义撰制的《三礼图集注》。

宋代遵从唐制，《礼记》仍为官学，但学者的注意力却逐渐转移到《周礼》和《仪礼》上。除《礼记》的《中庸》、《大学》二篇得到道学家的特殊表彰外，其他各篇备受冷落。当时最受人推重的《礼记》注释书是南宋卫湜渊的《礼记集说》。元代的《礼》学家多出自南方，他们承袭宋人的学风，好为臆谈，不本古义。比较重要的著作是元人吴澄的《礼记

第七章 《礼记》

纂言》和陈澔的《礼记集说》。前者大致认为《礼记》经文庞杂，而且多有错简，所以《纂言》每一篇中的文字，皆以类相从，以使上下文意联贯。后者独逞己意，对经文肆意删改，解释时又徒托空言，没有事实和根据，所以并不为人所重。不过这部书也有一个好处，那就是浅显易懂，便于初学。

明代的《礼》学与元代差不多，考证之功少，议论之词多。最重要的著述是胡广等人奉敕编撰的《礼记大全》。

清代是《礼》学复兴的时代，但学者的兴趣偏注于《仪礼》和《周礼》，因此，清代研究《礼记》的人数和成果，都不及前者多而精。比较重要的有纳兰性德的《陈氏礼记集说补正》、李光坡的《礼记述注》、方苞的《礼记析疑》、江永的《礼记训义择言》、杭世骏的《续卫氏礼记集说》、焦循的《礼记补疏》、俞樾的《礼记异文笺》、陈乔枞的《礼记郑读考》、孙希旦的《礼记集记》、王闿运的《礼记质疑》。康有为的《礼运注》和《王制笺》是研究《礼记》单篇的名作。

晚近以来，学术思想发生较大变化。学者们把《礼记》的材料当做史料，从各个学科、各个角度进行考察、研究，取得了不少新成果。但在整理旧文方面，除对几个单篇加以注释翻译外，《礼记》全书的新注尚未问世。

第八章 《春秋》和"三传"

第一节 《春秋》的含义

《春秋》这一名称有通名、专名两层涵义:通名泛指春秋时期各国的史书。《国语·晋语七》说:"羊舌肸习于《春秋》。"羊即叔向,意思是说他熟悉各国史书。《楚语上》说:"教之《春秋》。"就是说用史书教育太子。《墨子·明鬼篇》有"周之《春秋》、燕之《春秋》、宋之《春秋》、齐之《春秋》"等,就是说墨子非常博学,周朝、燕、宋、齐诸国的史书他都曾读过。上面几个地方提到的《春秋》,都是《春秋》的通名。此外,泛言《春秋》的,如《管子·法法》篇说:"故《春秋》之记,臣有弑其君,子有弑其父者矣。"《韩非子·内储说上》说:"鲁哀公问于孔子曰:《春秋》之记曰:'冬十二月陨霜不杀菽。'何为记此?"《战国策·燕策》记苏代说:"今臣逃而纷齐、赵，始可著为《春秋》。"记乐毅说："贤明之君，功立而不废，故著于《春秋》。"以上这些，也都是《春秋》的通名。

专名，专指鲁国史书。例如：《公羊传·庄公七年》说："不修春秋曰：雨星不及地尺而复。"《礼记·坊记》说："鲁《春秋》记晋丧曰：'杀其君之子奚齐。'"又说："鲁《春秋》去夫人之姓曰吴，其死曰孟子卒。"《左传·昭公二年》说："晋韩起聘鲁，观《书》于太史氏，见《易》、《象》与鲁《春秋》。"这些地方的《春秋》，皆专指鲁国的史书。这如同晋国的史书叫《乘》，楚国的史书叫《梼杌》一样。

"春秋"二字为什么成为史书的名称？后人对此曾作过不少推测和分析。通行的意见认为《春秋》是编年体史书，一般要写春到秋四季发生的事情，但是又不能遍四字作为书名。古人重视春秋二字，所以，摘取春秋以包夏冬。晋人杜预说："《春秋》者，鲁史记之名也。……故史之所记，必表年以首事。年有四时，故错举以为所记之名也。"[①]徐彦说得更加明白："《春秋》者，道春为生物之始，而秋为成

---

① 杜预《春秋经传集解·序》，《十三经注疏本》。

物之终,故云:始于春,终于秋,故曰《春秋》也。"①

现存的《春秋》,是鲁国的史书。其书年纪事,上起鲁隐公元年(周平王四十九年,公元前七二二年),下止鲁哀公十四年(周敬王三十九年,公元前四八一年),共十二公,二四二年。细目如下:

①隐公十一年,即周平王四十九年(公元前七二二年)至周桓王八年(公元前七一二年)。

②桓公十八年,即周桓王九年(公元前七一一年)至周庄王三年(公元前六九四年)。

③庄公三十二年,即周庄王四年(公元前六九三年)至周惠王十五年(公元前六六二年)。

④闵公二年,即周惠王十六年(公元前六六一年)至周惠王十七年(公元前六六〇年)。

⑤僖公三十三年,即周惠王十八年(公元前六五九年)至周襄王二十五年(公元前六二七年)。

⑥文公十八年,即周襄王二十六年(公元前六二六年)至周匡王四年(公元前六〇九年)。

⑦宣公十八年,即周匡王五年(公元前六〇八年)至周

---

① 《春秋公羊传疏》,转引自《周予同经学史论著选集》,上海人民出版社,一九八三年十一月,第二五五页。

定王十六年（公元前五九一年）。

⑧成公十八年，即周定王十七年（公元前五九〇年）至周简王十三年（公元前五七三年）。

⑨襄公三十一年，即周简王十四年（公元前五七二年）至周景王三年（公元前五四二年）。

⑩昭公三十二年，即周景王四年（公元前五四一年）至周敬王十年（公元前五一〇年）。

⑪定公十五年，即周敬王十一年（公元前五〇九年）至周敬王二十五年（公元前四九五年）。

⑫哀公十四年，即周敬王二十六年（公元前四九四年）至周敬王三十九年（公元前四八一年）。

第二节 《春秋》的作者

《春秋》的作者是谁？自古以来争论不休。古代普遍认为《春秋》是孔子根据鲁国旧史修撰而成的。孟子首先提出这种说法，他在《孟子·滕文公下》篇说："世衰道微，邪说暴行又作，臣弑其君者有之，子弑其父者有之，孔子惧，作《春秋》。《春秋》，天子之事也，是故孔子曰：'知我者，其惟《春秋》乎！罪我者，其惟《春秋》乎！'"意思是说，世道日益衰微，邪僻之说、暴力之行时有发生，臣杀君的事情出现了，子杀父的事情出现了。孔子害怕这样的事愈演愈烈，于是就写作了《春秋》一书。《春秋》所记载的，都是天子的事情，所以孔子说："以后理解我的大概是因为《春秋》，怪罪我的，大概也是因为《春秋》。"孟子在这里把孔子作《春秋》的社会背景、撰作目的以及作《春秋》以后，孔子的种种心理活动都交代得清清楚楚。孟子又说："孔子成《春秋》，而乱臣贼子惧。"[①] 用以说明孔子的《春秋》问世后，产生了巨大的社会效果。其后，司马迁接受了孟子的这些说法，又进一步加以发挥。由于此说出自孟子和司马迁之口，所以在漫长的古代，人们皆从信不疑。

晚近以来，由于对经学迷信的破除，一部分学者在仔细研究了《春秋》的内容之后，开始对孔子作《春秋》的传统说法提出疑问。重要的疑点有三个：

①《论语》是足以征信的专记孔子言行的书籍，但是其中没有一句话谈到孔子作《春秋》的事情。

②《春秋公羊传》、《春秋谷梁传》襄公二十一年十一月都有"庚子，孔子生"的文字，而《春秋左传》则于哀公

---

① 《孟子·滕文公下》，《四书集注》本，中华书局，一九八三年十月，第二七三页。

第八章 《春秋》和"三传"

六年有"夏四月，己丑，孔丘卒"的文字。假如《春秋》出于孔子的手笔，他不仅不可能写自己某日死，就是写自己某日生也不合适。①

③《春秋》的书法体例前后明显不同。例如，在隐公和桓公时，若不是鲁国卿大夫，无论国际盟会或统军作战，都不写外国卿大夫的姓名。到庄公二十二年，《春秋》才写"及齐高傒盟于防"，这是和外国卿大夫结盟书写外国卿大夫姓名之始。又如，隐公、桓公、庄公、闵公四公时，外国卿大夫统军出外征伐，都只称某国，而不具体写卿大夫的名称。像隐公二年写"郑人伐卫"，到僖公十五年才写"公孙敖（鲁人孟穆伯）帅师及诸侯之大夫救徐"。写"诸侯之大夫"，还不写出大夫的名字。到文公二年才写"晋阳楚父帅师伐楚以救江"，才将外国统帅姓名写明。到宣公六年写"晋赵、卫孙免侵陈"，才将两国率领军队的卿大夫都写出。直到成公二年，写"李孙行父、臧孙许、叔孙侨如、公孙婴齐帅师会晋却克、卫孙良夫、曹公子首及齐侯战于案，齐师败绩"，才将各国统军之官都一一写明。这种不同，只能说明《春秋》

---

① 杨伯峻《经书浅谈·春秋》。

出于众手。①

所以，依据上述三个疑点看，孔子作《春秋》的说法，完全是一种附会，并没有多少实在的根据。就是古人斤斤言之的所谓"寓褒贬，别善恶"的"《春秋》笔法"，也只不过表明《春秋》作者非一人而已。

当然，否定孔子作《春秋》，并非意味着孔子和《春秋》没有任何关系。孔子曾用《春秋》为教本教授学生，这是不容怀疑的。也正是由于孔子及儒家对《春秋》高度重视，《春秋》才得以流传，才得以对后世的史学和政治发生重大的影响。

第三节 《春秋》的影响

《春秋》是一部编年体史书，目前所存全文，不过一万六千多字，即使按曹魏时张晏和晚唐时徐彦所说，也不过是一万八千字。它记事十分简单，而且不少地方残缺不全，无怪乎宋朝的王安石讥之为"断烂朝报"。②然而，就是这部"断烂朝报"式的《春秋》，无论在中国的史学方面，还是政治

---

① 杨伯峻《经书浅谈·春秋》。
② 苏辙《春秋集解·序》，转引自《经书浅谈》，中华书局，一九八四年七月，第七六页。

第八章 《春秋》和"三传"

变革方面都产生了重大的影响。

《春秋》是中国最早的编年体史书,在史学发展上具有很大的贡献。根据章太炎的看法,称得上一部历史书籍,必须具备时间、地点、人物三个条件。在先秦的文献中,只有《春秋》一书符合这个条件,而《春秋》以前的《尚书》,虽然保存着许多珍贵的史料,可供史学研究者使用,但它本身内容繁杂、形式多样,尚难称为典型意义上的史书,而《春秋》则以年系月,以月系日,以日系事,一以时间贯之,有条不紊。当然,由于客观物质条件的限制,《春秋》的记事皆比较简略,但是尽管是这样,它可以征信的程度还是很高的,这一点已为许多详实的研究成果所证明。例如,《春秋》记载日食三十六次,除二次系误记或简策错乱不可信之外,其余三十四次经现代精密科学方法推算,皆可靠无误。又如庄公七年"星陨如雨"的记载,是世界最早的关于天琴星座流星雨的记录,文公十四年的"秋七月,有星孛入于北斗",是世界上对哈雷彗星的最早记录,这些记载都是非常珍贵的。

正因为《春秋》的这种编纂形式比较科学,便于记事,所以《春秋》体史书不论先秦或后来都很流行。即使后来的纪传体史书也是在吸收了编年体史书的优点以后才形成的。从这个角度说,《春秋》堪称中国史学之源。

中国是世界上古老的文明国家，更是世界上编纂史学最发达的国家。中华民族的发展从未中绝，中国的史籍不管纪传体、编年体或是纪事本末体，其记载内容都从未断线。这一点对于中华民族的存亡和发展产生了重要的作用。而这首先是由《春秋》发生的。对《春秋》的这种独特作用，章太炎曾有系统深入的论述。他认为国亡则先去其史。一个民族有绵延不断的历史著作，这个民族则不容易灭亡。因为有史书在，后人能够清楚地知道先民奋斗的艰辛以及民族的骄傲和耻辱。假如一个民族的史书没有了，那么这个民族的灭亡也指日可待了；而外族要灭亡一个民族，也首先千方百计地毁灭她的历史。所以，中华民族的绵延生存与大量的史书存在有密切的关系，而这应当归功于《春秋》的作用。①

不仅如此，《春秋》在政治上也产生了重大的影响。关于《春秋》一书的性质，上面已经谈过，一般认为是一部史书。但是，也有人认为它是一部政治著作。经今文派即坚持这种意见。他们认为《春秋》是一部政治著作，至多也只能说是一部以历史形式来表现政治哲学的著作，其中包含着诸如"正名"、"定名分"、"寓褒贬"、"尊王攘夷"、"大一统"、

---

① 章太炎《国故论衡》中的《原经》、《检论》中的《订孔》、《太炎文录》中的《答铁铮书》等篇皆畅论此意。

"张三世"等名目的"微言大义"。基于这种认识,西汉的董仲舒怂恿汉武帝"独尊儒术",于是儒家经典之一的《春秋》正式被拥上经典的宝座。然后,他们进一步利用所谓解释《春秋》的《公羊传》,逐步形成"《公羊》学",以宣传他们的政治思想。致使汉武帝时期的许多重大政治活动,无不打上《春秋公羊》学的烙印。后来《公羊》学尽管经历了长时间的衰微阶段,但是《春秋》的"微言大义"已经深入人心,成为维系封建统治的重要的理论支柱。清代中期以后,由于国难方殷,社会激变,今文经学复活。经今文派发挥《公羊》学的理论,倡言改制,并为未来社会设计了蓝图。康有为是其中著名的代表。他以《公羊》学理论为指导,领导发动了声势浩大的戊戌变法运动。虽然这次变法失败了,但它在近代中国救亡图强的道路上先著一鞭,给世人以很大的警示,其功劳将永载史册,不可磨灭。

第四节 《春秋》三传的作者与传授

据《汉书·艺文志》记载,西汉时解释《春秋》的共有五家,即左氏、公羊、谷梁、邹氏、夹氏。但邹氏无师,夹氏无书,所以,实际上产生了重大影响的只是《左传》、《公羊传》和《谷梁传》,下面分别述之。

一、《左传》的作者与传授

《春秋左氏传》,人们通称《左传》,它的原名叫《左氏春秋》。《左传》的作者,相传是和孔子同时的左丘明。司马迁存《史记·十二诸侯年表》中说:"孔子……西观周室,论史记旧闻,兴于鲁而次《春秋》,上记隐,下至哀之获麟,约其辞文,去其烦重,以制义法。七十子之徒口授其传旨,为有所刺讥褒讳挹损之文辞不可以书见也。鲁君子左丘明惧人人异端,各安其意,失其真,故因孔子史记,具论其语,成《左氏春秋》。"据此记载,则知《左传》的作者名叫左丘明,也是鲁人。孔子编成《春秋》,孔门弟子各以自己的领会去讲授《春秋》所包含的"讥刺褒讳"之辞。左丘明担心这样做会造成人各一说,失其真指的偏弊,于是撰写《左氏春秋》,以期为《春秋经》提供一部标准的解释书。

对于司马迁的这个说法,直到唐代才出现疑异。唐人赵匡根据《论语·公冶长》篇所记孔子的话,提出作《左传》的左氏与《论语》"子曰"的左丘明是二人而不是一人:左氏是孔门后学,左丘明则是孔子以前的贤人。到宋代,争辩日益激烈,王安石赞同赵匡的说法,并拿出十一条证据论证左氏不是左丘明。叶梦得和郑樵在王安石的基础上,继续辩证,

第八章 《春秋》和"三传"

进而认定《左传》的作者为六国时期的楚人。

清代中叶以后,经今文派崛起。刘逢禄撰《左氏春秋考证》、康有为撰《新学伪经考》,力攻《左传》,认为《左传》的作者是汉末的刘歆,是刘歆为适应王莽改制的需要,根据《国语》等书窜改而成的。而瑞典汉学家高本汉(BernhaidKarlgren)在其《左传真伪考》一书中,根据文法组织,字词用法,以《左传》、《论语》、《孟子》、《国语》等书进行比较,证明《左传》的语言关系与《论语》、《孟子》疏远,而与《国语》接近,因而推断《左传》的作者不是齐鲁之人。

目前学术界基本倾向于《左传》非左丘明作的看法,但不甚同意出于刘歆的结论。因为解放后考古发现的实物和文献一再证明《左传》所记的史实可以征信,说明这绝不是刘歆所能伪造的。当然,目前虽然难以确切地考知《左传》的作者,但根据《左传》的内容大体可以确定其成书时代。杨伯峻先生认为,《左传》的著作时代在战国初期,[①] 王树民先生也认为"其撰作时间,当以战国中上期之可能性为最大。"[②] 两种说法非常接近。

---

① 杨伯峻《左传》,《经书浅谈》,中华书局,一九八四年七月,第八四页。
② 王树民《史部要籍解题》,中华书局,一九八一年十一月,第一一页。

关于《左传》的传授过程，历史上有明确的记载。据《左传疏》引刘向《别录》说："左丘明授曾申，申授吴起，起授其子期，期授楚人铎椒，铎椒为《抄撮》八卷，授虞卿，虞卿作《抄撮》九卷，授荀卿，卿授张苍。"铎椒的《抄撮》见《史记·十二诸侯年表序》，名《铎氏微》，也著录在《汉书·艺文志》。虞卿的《抄撮》又叫《虞氏春秋》，既见于《史记·十二诸侯年表序》，又见于《史记·虞卿列传》。《韩非子》一书采用《左传》之文甚多，而韩非是荀卿的门人。从这几个例子来看，刘向记载的《左传》的传授系统是真实可信的。这也从另一个角度否定了康有为等人提出的刘歆伪造《左传》的说法。

二、《公羊传》的作者和传授

《公羊传》出于谁手，至今没有定论。《汉书·艺文志》著录《公羊传》说："《公羊传》，十一卷，公羊子，齐人。"颜师古依据纬书"传我书者公羊高也"的话，认为公羊子即是公羊高。不过，后人对颜师古的说法颇为怀疑。唐人徐彦以为是公羊寿。他的《公羊传疏》引戴宏序说："子夏传与公羊高，高传与其子平，平传与其子地，地传与其子敢，敢传与其子寿。至汉景帝时，寿乃共弟子胡母子都著于竹帛。"而汉人何休也有类似的说法。所以，清人撰《四库提要》即将《公羊传》的作者定为公羊寿,而不取颜师古的说法。但是,《四库提要》的做法也不一定合适。因为根据《公羊传》的内容来看,它的作者不像是一个人。例如隐公十一年、庄公十一年、定公元年,引子沈子的说法,庄公三十年引子司马子的说法,闵公元年引子女子的说法。哀公四年引子北宫子的说法,庄公三年、二十三年、僖公五年、十九年、二十四年、二十八年引鲁子的说法,等等。这说明《公羊传》决不是由一个人完成的。

按照徐彦的说法,《公羊传》在相当长的时期内,一直靠口说传授,直到汉景帝时才有写定的本子,这大致可信。然而说《公羊传》始传于孔子门徒子夏,因确少证据,今人都不从信。

三、《谷梁传》的作者和传授

同《公羊传》一样,《谷梁传》的作者也是史无确载。《汉书·艺文志》著录《谷梁传》说:"《谷梁传》,十一卷。谷梁子,鲁人。"颜师古注以为"名喜"。清人钱大昕考证版本,认为"喜"当作"嘉"。而桓谭《新论》、应劭《风俗通义》、蔡邕《正交论》、陆德明《经典释文·叙录》引糜信注,皆作"谷梁赤",王充《论衡·案书》又作"谷梁寘",阮孝绪《七录》又作"谷梁俶",杨士勋《谷梁传疏》又引作"谷梁淑",真是纷歧之至。

关于《谷梁传》的传授,唐人杨士勋介绍得最为详细。《春秋谷梁传·序》疏说:"谷梁子名淑,字元始,鲁人。一名赤。受经于子夏,为经作传,故曰《谷梁传》。传孙卿,孙卿传鲁人申公,申公传博士江翁。其后鲁人荣广大善《谷梁》,又传蔡千秋。汉宣帝好《谷梁》,擢千秋为郎,由是谷梁之传大行于世。"但是,后人对这段记载颇为怀疑。首先,说《谷梁》出于子夏,难以征信。其次,说谷梁赤为子夏门人,也不可信。因为既是子夏门人,则不应当见到时代远比他晚的尸佼(尸子),而《谷梁传》却引有尸子之说。第三,据这种说法,《谷梁传》的成书时间似在《公羊传》前。而据许多学者考证,《谷梁传》成书在《公羊传》之后。否则《谷梁传》怎么可以驳斥和批评《公羊传》呢?

第五节 《春秋》三传的特点

《春秋》"三传"从名义上说,都是解释《春秋》经的,但"三传"的体裁不同,解说《春秋》的方法和重点也不同。这一点,古人已经清楚地看到了。宋人胡安国说:"事莫备于《左氏》，例莫明于《公羊》，义莫精于《谷梁》。"① 朱熹说："《左氏》是史学，《公》、《谷》是经学。史学者记事即详，于道理上便差，经学者于义理上有功，然记事多淡。"又说："《左氏》虽见国史，考事颇精，只是不知大义，专去小处理会，往往不曾讲学。《公》、《谷》考事甚疏，然义理却精，二人乃是经生，传得许多说话，往往不曾见国史。"②他们的说法大体不错，可以说基本把握了三传的特点所在。

据《左传》的内容来看，它无疑是一部释经之作。但它不同于《公》、《谷》二传，而有自己鲜明的特点。按照杨伯峻先生的归纳，主要体现在下面四个方面：

①说明书法。例如隐公元年《春秋》云："元年春王正月。"《左传》解释说："元年春，王周正月，不书即位，摄也。"《左传》首先解释"王正月"的"王"。它在"王"下加一"周"字，说明此王为周王，即是说这个"春正月"是按周王朝所遵用的历法而定的。接下来解释"不书即位"的原因。按《春秋》体例，鲁国十二公于其元年，应该写"元年春正月公即位"，而隐公元年却没写"公即位"。所以，《左传》对这个变例

---

① 转引自钱基博《经学通志》，民国年间中华书局本，第二〇一页。
② 同上。

解释为"摄也"。这是因为隐公其时并未真做国君，而只是代桓公摄政。通过这两个解释，《左传》一方面补充了史实，另一方面也说明了《春秋》的"书法"，也就是所谓"义"。

②以事实补充甚至说明《春秋》。例如，《春秋》写隐公死，只写"君薨"二字。人们当然看不明白隐公是怎样死的。所以，《左传》补充了一大段事实，把隐公之死交代得明明白白。原来，隐公是被暗害的。

③订正《春秋》的错误。例如襄公二十七年《春秋》："十有二月乙亥朔，日有食之。"而《左传》则改为："十一月乙亥朔，日有食之。"《左传》之所以改动经文是因为《春秋》记为"十二月"是一个错误。对此后来的不少科学家曾加以研究推算，其结果与《左传》的记载完全相同，证明《春秋》确实记错了。

④采用续经续传的办法解说《春秋》。《春秋》记事缺略，失载的重要内容很多。《左传》为能让人们读懂《春秋》，也为了使这些重要的历史事实流传下来，所以通过续经、续传记载了许多内容。《左传》的续经，到鲁哀公十六年（公元前四七九年）孔子卒止，较《春秋》本经多二年；《左传》的续传，到鲁哀公二十七年（公元前四六八年）。此外，《左传》追记往事到周宣王二十三年（公元前八〇五年）晋穆侯

第八章 《春秋》和"三传"

伐条之役,早于《春秋》八十三年。过去,一些人往往把这些部分看做《左传》不"传"《春秋》的根据,其实并不合适。假如没有《左传》的这些记载,不仅古代的这些珍贵史实不得传闻,而且《春秋》经的许多文字,也难知所云。

《公羊传》是典型的释经之作。专就经文通体逐句逐层加以说明。与《左传》相比,它有两点明显的不同,第一,从形式上看,《左传》有续经、续传而《公羊传》没有。第二,从内容上看,《左传》以史为主,而《公羊传》则以义为主。据东汉《公羊》学名家何休归纳,所谓《公羊》学的非常异义有"五始"、"三科"、"九旨"、"七等"、"六辅"、"七缺"等。其中最重要的是"三科"、"九旨"。这些异义内容繁琐,神秘难测,对《春秋》多有曲解。

《谷梁传》与《公羊传》同旨,解释《春秋》重点在于阐发其中的微言大义。但是,由于《谷梁传》成书最晚,所以经常有一些驳正性的文字。例如《春秋·宣公十五年》说:"冬,蝝生。"《公羊传》解释为:"未有言'蝝生'者。此其言蝝生何?蝝生不书,此何以书?幸之也。幸之者何?犹曰受之云尔。受之云尔者何?上变古易常,应是而有天灾,其诸则宜于此焉变矣。"《公羊传》的作者站在保守的立场上,对"初税亩"之后所发生的事情加以解释,按照这一解释,鲁国的灾害是因为实行"初税亩"之后上天降施的责罚,幸而这种责罚还不严重。《谷梁传》不同意《公羊传》的这种迷信解释,所以驳斥说:"非灾也。其曰螽,非税亩之灾也。"生出一些虫,但并未成灾,而它们的出现也并非因为实行初税亩。可见,《谷梁传》确实是在驳斥纠正《公羊传》的解释。此外,《谷梁传》还有一些采择《公羊》之说而又加以修饰润色的地方和直接抄袭《公羊传》的地方。杨伯峻先生对此有过仔细的辨证。①

第六节 《春秋》及"三传"学源流

《春秋》学产生于西汉时期。西汉初年,《春秋》分为五家:《左氏》、《公羊》、《谷梁》、《邹氏》、《夹氏》。实际上发生了影响的主要是《左氏》、《公羊》、《谷梁》三家,而三家又分属经今古文两个派别:《左氏》为古文;《公羊》、《谷梁》为今文。

据说西汉的《左氏传》传自张苍,张苍传给贾谊,贾谊作了一部训诂,传给自己的孙子贾嘉。从此以后《左传》的

---

① 详见《经书浅谈》,第八八——八九页。

传授范围日益扩大。然而，至平帝以前，《左传》一直在民间传授，未被立于学官。汉成帝时，刘歆校理皇家图书，发现宫中所藏的古文《左传》，于是上书哀帝，建议将《左传》立于学官。但遭到今文经博士的激烈反对。汉平帝时，王莽当政。王莽与刘歆同道，也喜欢《左传》，于是利用其政治势力，把《左传》立于学官，因《左传》为古文，一般人难以通晓，刘歆潜心研究，完成《春秋左氏条例》及《章句》，始创通其大义。后人能读通《左传》，首先应归功于刘歆，在刘歆的影响下，桓谭、杜林、郑兴、贾徽、孔奋等人都通习《左传》。

东汉，《春秋》博士为严、颜二家，属于《公羊》学。但是，因桓谭、杜林、郑兴等人为学者所宗，研习者趋之若鹜，因而出现了一批奠基性的著作，如贾逵的《左氏长义》、《左氏训诂》，陈元的《左氏同异》，郑众的《左氏条例》、《章句》、马融的《三家同异》。《公羊》学家何休不甘心《公羊》学的没落，作《公羊墨守》、《左氏膏肓》、《谷梁废疾》三书，贬责《左传》和《谷梁》，古文学家郑玄针锋相对，作《发墨守》、《箴膏肓》、《起废疾》加以驳难，从此《公羊》学日微，《左传》学日彰。汉末魏初出现了服虔、颖容、周生烈、董遇、王朗、王肃等一大批《左氏》学名家。在这样的条件下，西晋的杜预吸收了两汉《左传》学的研究成果，完成《春秋左氏经传集解》一书。此书分经配传，逐一解说，极大地方便了读者，所以一问世就受到了欢迎。魏晋南北朝时期，杜预的《集解》盛行于江南，王肃的《左传》注流行于江北，《左传》学同政治一样分为二途。

唐初诏撰《五经正义》，杜注《左传集解》成为其中之一。官学地位的确立，进一步扩大杜氏《集解》的影响，但是"言《左传》不越杜预藩篱"的风气，在一定程度上阻碍了《左传》学的发展。中唐时期，啖助作《春秋统例》不因旧说，首创新例，给学术界带来了新的气习。这部书的第一个显著特点，是变"三传"单独研究为综合研究；第二个特点，是以经攻传；第三个特点，是不守旧说，大胆臆测。啖助死后，门人陆淳和啖助的儿子啖异裒录旧文，增纂《统例》，完成《春秋集纂统例》，进一步发挥啖助之学。此学直接开宋人的研究风气。

宋人在"三传"综合研究方面做了大量工作，出现了一批重要的著述，其中孙复的《春秋尊王发微》，刘敞的《春秋权衡》、《春秋传》、《春秋意林》、《春秋传说例》，胡安国的《春秋传》最负盛名。在《左传》的专门研究方面，首推吕祖谦的《春秋左传说》、《续说》、《东莱左氏博议》。不过，这些书据事抒论，其意并不在于通经，带有浓厚的宋

第八章 《春秋》和"三传"

学色彩。此外，程公说的《春秋分纪》也很有价值，直接为清顾栋高的《春秋大事表》创设了先例。

元仁宗延祐二年（公元一三一五年），定科举经义经疑取士条格，《春秋》用"三传"及胡安国《传》。元人汪克宽宗主胡《传》，作《春秋纂疏》。明成祖命胡广撰《春秋大全》，即以汪书为蓝本，此后胡《传》畅行而"三传"悉废，"三传"的研究一落千丈。比较而言，元人程端学的《春秋三传辨疑》，赵汸的《春秋集传》和明人陆粲的《左传附注》，傅逊的《左传属事》，还算有些创见。

清代，汉学复兴，力纠明人的空疏学风。《春秋》及"三传"研究都出现了新的局面。顾炎武的《左传杜解补正》、王夫之的《春秋稗疏》、陈厚耀的《春秋长历》、《春秋世族谱》、沈彤冠的《春秋左氏传小疏》、焦循的《春秋左传补疏》、洪亮吉的《春秋左传诂》、顾栋高的《春秋大事表》，是清代前期比较重要的著作。其中《春秋大事表》一书，以表的形式分列《春秋》大事，引据博洽，议论确核，且一目了然，极便于使用。清代中后期，《左传》方面最重要的著作是《左传旧注疏证》。这部书由刘文淇发端，草创四十年而没有完功。他死后，又由儿子刘毓崧续作，刘毓崧五十而卒，又由儿子刘寿曾续作，但刘寿曾又不幸夭亡，所以此书历三世而未成，给后人留下很大的遗憾。尽管如此，这部书体大思精，引证繁博，对《左传》的旧注旧疏进行了全面清理，根据清人的研究成果和自己的见解加以论证，极受学术界的推崇。

近几十年来，《左传》在清人研究的基础上，在其他学科和材料的促进下，研究水平进一步提高，出现了许多新成果，刘师培、章太炎、童书业、徐中舒、杨伯峻等先生都为《左传》的研究做出了很大的贡献。

《左传》远在西汉前即有书本流传，而《公羊》传到西汉初才第一次出现写本。首传《公羊传》的是胡母生和董仲舒，二人为景帝博士。汉武帝即位，求贤良对策，这时胡母生已致仕归家，而董仲舒则适逢其会，他的"天人三策"一下打中了武帝的心怀。此后《公羊》学风靡西汉，成为显学中的显学。《公羊》学的精髓在于"致用"。所以，董仲舒除挟其术上干君王外，还把此学用于法律。他著有《公羊董仲舒治狱》十六篇，专以《公羊》谳狱。另著《春秋繁露》一书，畅发《公羊》学的深奥之旨。董仲舒的《公羊》学直接传给嬴公、褚大、段仲及吕步舒。嬴公传给孟卿及睦孟，睦孟传给严彭祖和颜安乐。于是，《公羊》学又分严、颜之学。颜氏著有《公羊颜氏记》，严氏著有《春秋公羊传》。此二派专言机祥灾异，把《公羊》学的天人理论推向极端，到西汉

第八章 《春秋》和"三传"

末又和谶纬混为一谈，所以后来逐渐被人轻视。

东汉时，《公羊》学虽立于学官，但不为学者所重，其时可以称道的《公羊》专家只有何休一人而已。何休覃思竭虑十七年，撰成《公羊春秋解诂》，详尽地阐发了《春秋》经中的所谓"非常异义可怪之论"。何休生活在《公羊》学极度衰落的时代，他不甘心《公羊》学彻底败北，想通过自己的努力去重振此学，为此，他又专门著文力攻《左传》、《谷梁》，但是，他的努力经不住郑玄反戈一击。此后《公羊》学完全衰败了。但是，何休的著述，毕竟是对两汉《公羊》学进行了全面总结，对于今文经学的研究还是具有价值的。

魏晋南北朝时期，《公羊》学渐成绝学。北朝仅徐遵明兼通《公羊》，南朝只有沈文阿撰《三传义疏》涉及《公羊》。唐代徐彦作《公羊传疏》，注用何休的《解注》，文繁语复，后人病诟不已。但比较起来，这部书还是属于汉学的正传。宋元明三代，《公羊》学更加衰落，极少专门之家和专门之作。

清代，《公羊》学垂绝复盛，尤其到晚清，盛极一时。清代的《公羊》学首先由孔广森发其端，他的代表作是《公羊通义》。随后庄存与、刘逢禄继起，庄氏的《春秋正辞》不尚训诂名物，而专求微言大义；刘氏的《公羊春秋何氏释例》、《公羊何氏解诂笺》，畅论何休归纳的"非常异义可怪之论"。刘氏又撰《左氏春秋考证》，以排斥《左传》。从此，清代今古学的壁垒愈益森严。凌曙见到刘氏的著作非常欣赏。他认为《公羊》学传自董仲舒，而董仲舒的《春秋繁露》是探求《公羊》奥旨的津逮，所以，他作《春秋繁露注》，又完成《公羊礼疏》、《公羊礼说》、《公羊问答》，从而把《公羊》学的研究推向一个新的高度。陈立是凌曙的门人，他后来居上，对自董仲舒至清儒的《公羊》学著作，逐一检讨而断以己意，完成《春秋公羊传义疏》这部具有总结性特征的巨著。其后，宋翔凤、魏源、龚自珍、戴望、王闿运、廖平、康有为、皮锡瑞、崔适等人崛起，益发壮大了今文学的声势。他们援引《公羊》大义以说群经，甚至企图解决政治和社会问题。其中，康有为的贡献最大，影响也最深。他的《新学伪经考》、《孔子改制考》、《大同书》等著作，不仅震动了学术界，而且在政治上发生了重大的影响。

西汉的《谷梁传》传自鲁人申公。申公传给瑕丘江公。据说江公与同时说《公羊春秋》的董仲舒并驾齐驱，但江公因呐于言语，所以在汉武帝面前议论《春秋》大义时，不如能言善辩的董仲舒，因而，《公羊》学大兴，而《谷梁》则被冷在一旁。江公之学传至荣广及皓星公，逐渐呈现出兴旺之象。荣广高才敏捷，曾数困《公羊》学大师眭孟，而皓星

第八章 《春秋》和"三传"

公的学问也特别笃实。由于他们二位的影响,使不少学者改学《谷梁传》。荣广之学传给周庆、丁姓及蔡千秋,蔡千秋又师事皓星公,再传给尹更始,尹更始撰成《谷梁章句》。到宣帝时,因宣帝好《谷梁》,《谷梁》学兴盛异常,出现了一批名家,最著名的是博学通达的学者刘向。甘露元年(公元前五三年),"五经"博士会议石渠阁,《谷梁》学竟大黜《公羊》学,获得全胜。

东汉以降,《谷梁》学日益衰微,在《春秋》"三传"中,最不景气。东晋,范宁作《春秋谷梁传集解》,才使绝学不堕。这部书与专守家法的《公羊解诂》、《左传集解》不同,它兼采"三传"之长,而不以《谷梁》之义为宗,开唐人的《春秋》研究之风。唐人杨士勋深研《谷梁传》,遂为范宁的《集解》作疏。此书成于一手,从总体上说尽管不及孔颖达所撰的经疏赅洽,但仍有大功于《谷梁》。宋元明三代,宋学大兴,而且倾向于"三传"的综合研究,专门研究《谷梁传》的人甚少。清代,汉学复兴,《谷梁》学的状况尽管好于以往,但远不及《左传》和《公羊传》。比较重要的著作有许桂林的《谷梁释例》、侯康的《谷梁礼证》、柳兴恩的《谷梁大义述》、钟文烝的《谷梁补注》。其中柳兴恩和钟文烝的著作最有条贯,代表着清代《谷梁》学研究的最高水平。

第九章 《大学》和《中庸》

第一节 《大学》、《中庸》的名义

一、《大学》的名义

"大学"一词包含三种意思：①指成人所受的教育，与"小学"相对而得名。古代把童子所接受的启蒙教育称为"小学"，而把成人所受的高等教育称为"大学"。②大人之学。"大人"与"小人"相对而言，"大人"指贵族，"小人"指一般平民。大人享有受教育的权利，小人则没有。大人之学要本着修身齐家的次序，按照格物致知、正心诚意的办法，最后获得治国平天下的能力。③大觉。"大觉"是佛教用语，有自觉和觉他两层意思。儒家的"大学"，即等于佛家的"大觉"。《大学》中所讲的"在明明德"，就是"自觉"的意思，"亲民"则是"觉他"的意思。

第九章 《大学》和《中庸》

上述三种意思,第一种最接近《大学》的原旨,所以朱熹加以采用。他在《大学章句序》中讲:"《大学》之书,古之大学所以教人之法也。"可见,《大学》不是别的什么神秘东西,只不过是大学教材中专讲修身之术的一篇罢了。

二、《中庸》的名义

"中庸"一词始见于《论语·雍也》,《礼记·中庸》是对《论语》以来的中庸思想所进行的最系统的阐发。古代对"中庸"二字作解的学者特别多,但重要的、有影响的说法有三种:①郑玄的解释。《礼记正义》引《郑目录》说:"名曰中庸者,以其记中和之为用也。庸,用也。"据此,"中",和的意思;"庸",用的意思。"中庸",就是用中,即追求不偏不倚,过犹不及的境界。②程颐的解释。杨时《中庸解自序》引程颐的话说:"不偏之谓中,不易之谓庸;中者天下之正道,庸者天下之定理。""不偏",中正的意思;"不易",经常的意思。把中正的原则奉为定理,既不滥用,又不刚愎自用,而是用其所当用。③朱熹的解释。《中庸章句》说:"中者,不偏不倚,无过不及之名。庸,平常也。"朱熹解释。"中庸"重在其"平常"的特征。"中庸"是经常之道,但绝非高不可攀。它平易近人,可以常行常用。

上述三家解释因侧重点不同,内容也各有不同。但三家的意思还是相互关联的,即"执两用中,用中为常道,中和可常行"。①后人对于程颐的解释最为尊崇。

第二节 《大学》、《中庸》的作者

一、《大学》的作者

《大学》出于谁手?古代在相当长的一段时期内没有结论。《礼记正义》引《郑目录》说:"名曰大学者,以其记博学可以为政也,此于《别录》属通论。"郑玄在这里只讲了《大学》的命意和性质,而没有提到《大学》的作者,说明东汉时期已不知此篇的作者是谁了。到了南宋的朱熹整理《大学》时,将其分为"经"一章,"传"十章。他认为经一章,"盖孔子之言,而曾子述之。"传十章,"则曾子之意而门人记之也。"对此,他深信不疑。在《答林择之书》中说:"传中引'曾子曰',知曾氏门人成之。"②朱熹的这个结论,完全根据《大学》的内容来推求,并未有其他客观的证据,所以清人屡加驳难。

---

① 庞朴《沉思集》,上海人民出版社,一九八二年六月,第九六页。
② 转引自钱基博《四书解题及其读法》,民国商务版。

据说著名的学问家戴震幼年跟师傅读朱熹的《大学章句》，当读到"右经一章"以下时，他问师傅说："此何以知为孔子之言而曾子述之？又何以知为曾子之意而门人记之？"师傅回答说："此朱文公所说。"他又问："朱文公何时人？"回答说："宋朝人。""孔子、曾子何时人？""周朝人。""周朝、宋朝相去几何时矣？""几二千年。""然则朱文公何以知然？"老师答不上来。从这个故事中可以看出朱熹的立论是多么脆弱。

二、《中庸》的作者

最早指出《中庸》作者的是司马迁。《史记·孔子世家》说："子思作《中庸》。"东汉郑玄遵从司马迁的说法，《礼记正义》引《郑目录》说："孔子之孙子思伋作之，以昭明圣祖之德。"宋代的朱熹发挥汉人的说法，进一步论列了子思写作《中庸》的用意。《中庸章句序》说："子思惧夫愈久而失其真也，于是推本尧舜以来相传之意，质以平日所闻父师之言，更互演绎，作为此书，以诏后之学者。"据朱熹所言，"中庸"与《尚书》的"允执厥中"一脉相承，经过尧、舜、禹、汤、文、武等人的传授，最后传给曾子；而曾子再传，传给子思。子思所处的时代百家蜂起，异端并进。子思为使相沿已久的"中庸"学说不受异端邪说的侵蚀，于是广收博采，对"中庸"

学说进行系统的理论总结，最后完成《中庸》一书。

朱熹的这个说法在后来产生了很大的影响。但是清代以来，一些学者力破此说。宋翔凤在《过庭录》一书中详加辩驳，以为朱熹的说法不足为信。清人叶酉、俞正燮也著文志疑，认为《中庸》的作者不可能是子思，大约是汉儒。目前学术界一般认为，《中庸》与《大学》、《易传》性质一样，皆是儒家的重要经典。据内容来看，"《中庸》承续《孟子》"[1]，是在广泛吸取道家和《易传》世界观的基础上形成的。

第三节 《大学》、《中庸》的本子

一、《大学》的本子

《大学》全文仅两千多字，然而本子却不下十几家。各本的编者皆逞其私意，对《大学》原文移缀颠倒，重新编次。难怪邱汉生先生发出这样的感叹："《大学》一书，遭遇如此，在古书里实为罕见。"[2]

---

[1] 李泽厚《中国古代思想史论》，人民出版社，一九八六年三月，第一三一页。
[2] 邱汉生《四书集注简论》，中国社会科学出版社，一九八〇年八月，第九页。

第九章 《大学》和《中庸》

《大学》的本子主要有：

① 《礼记》注释本

② 汉熹平石经本

③ 魏正始石经本

④ 程颢改本

⑤ 程颐改本

⑥ 朱熹《大学章句》本

⑦ 王柏改本

⑧ 季本改本

⑨ 高攀龙改本

⑩ 崔铣改本

⑪ 葛寅亮改本

宋代以前，注疏本最为流行。宋代以后，改本不一，而朱熹的《大学章句》本最为学者所宗。这个本子折衷于注疏本和程颢改本之间，体现了朱熹对《大学》的思想内容的根本见解。朱熹曾对这个本子的编次，做过一番解释。在《记大学后》一文中说："《大学》一篇，经二百有五字，传十章，今见于戴氏《礼》书，而简编散脱，传文颇失其次，子程子盖尝正之。熹不自揆，窃因其说，复定此本。盖传之一章，释'明明德'；二章，释'新民'；三章，释'止于至善'（以上并从程本,而增《诗》云'瞻彼淇澳'以下);四章,释'本末';五章,释'致知'(并今定);六章,释'诚意'(从章本);七章,释'正心修身';八章,释'修身齐家';九章,释'齐家治国平天下'(并从旧本)。次序有伦,义理通贯,似得其真,谨第录如上。"①

朱熹的《大学章句》本问世后,大行于世,而传统的注疏本则被置之高阁,几乎无人过问了。明代王阳明不满意朱本,而推重《大学》古本,希望在程朱之外另辟蹊径。他的《大学古本旁释》,对清人产生了很大的影响。清人李光地的《大学古本说》、宋翔凤的《大学古义说》,都主张用注疏本而废弃朱本。

总之,《大学》各本中,注疏本最古老,朱熹本最通行。

二、《中庸》的本子

《中庸》是《礼记》中的第三十一篇,但单篇别出,由来已久。由于统治者和地主知识分子对"中庸"思想的推崇和表彰,《中庸》流传极广,形成形形色色的本子。其中,比较重要的有:

---

① 转引自钱基博《四书解题及其读法》,解放前商务版。

第九章 《大学》和《中庸》

①《礼记》注疏本

②戴颙《礼记·中庸传》

③梁武帝《中庸讲疏》

④晁说之《中庸传》

⑤朱熹《中庸章句》

⑥王柏《订古中庸》

⑦黎立武《中庸分章》

⑧管至道《中庸订释》

⑨李光地《中庸章段》

以上各本中，最古的是注疏本，流传最广的是《中庸章句》本。各本的突出差异，主要表现在各自分章的不同。

在《礼记》原本中，《中庸》只是一篇，而注疏本始分为上、下两篇。朱熹作《中庸章句》，重新恢复原本一篇的旧貌，然而将其分为三十二章，注释中对各章大义皆有所发明和阐释。王柏赞成朱熹的分章，而不同意将注疏本的二卷归为一篇。所以，他的《订古中庸》再析为二篇：以第一章至第二十章为上篇；以第二十一章至第二十三章为下篇。宋以后，一些学者不满前贤的改订，继续推出所谓的《中庸》定本。重要的有明人杨守陈的《中庸私抄》、黎立武的《中庸分章》、管至道的《中庸订释》、周从龙的《中庸发覆编》及清人李光地的《中庸章段》。其中黎立武分为十五章,管至道分为三十五章,李光地分为十二章。

第四节 《大学》、《中庸》的思想内容

一、《大学》的思想内容

《大学》是儒家的重要经典,比较系统地阐述了儒家"内圣外王"的理论,在中国思想发展史上产生了较大的影响,占有重要的地位。

按照朱熹的划分,《大学》分为"经"、"传"两个部分。不管这种分法是否合适,但应当承认,《大学》开始的一段,即所谓"经",确实是全篇的纲领,后面的各段,即所谓"传十章",则是对那段纲领性文字的说明和论证。

《大学》的纲领揭示了这样一个道理:如果要平天下,就先要治国;要治国,先要齐家;要齐家,先要修身;要修身,先要正心;要正心,先要诚意;要诚意,先要致知;而致知的关键在于格物。这是一个由内向外的完整系统,显示出一种由近及远、缺一不可的逻辑关系。

"格物"、"致知"、"修身"、"正心"、"诚意",属于"内圣"的内容,"齐家"、"治国"、"平天下"是"外

王"的内容,二者紧密相关,不可分离。认为"外王"是"内圣"发展的自然结果,而"内圣"则是实现"外王"的必由之路。由"心"到"物",由内向外,既反映了《大学》的核心思想,也体现了儒家哲学的根本特色。

《大学》的理论,反映了处于新旧交替时期新兴的地主阶级对统一政权的渴望和对掌握这一政权的人才的呼唤。"家"、"国"、"天下"这些概念清楚地说明了《大学》产生的社会背景。不仅如此,《大学》的理论也具有深厚的历史根源,这就是以亲族血缘关系为纽带的氏族制度的现实存在。在这种条件下,"首领、贵族们的个体'内圣'本是与其能否成功地维系氏族团体的生存秩序的'外王'紧密地联系在一起的。"[①]

《大学》的思想内容,极大地丰富了儒家学说,在中华民族的民族精神中留下了深深的烙印。

二、《中庸》的思想内容

同《大学》一样,《中庸》也是儒家经典中非常重要的作品。朱熹的《中庸章句》,将其分为三十三章。按照他的分析,《中庸》有这样一些内容:

[①] 李泽厚《中国古代思想史论》,人民出版社,一九八六年三月,第二六七——二六八页。

第一章是全篇的"体要",中心是讲,不可移易的"道"源于自然的"天";但是"道"并非高不可及。人的身体虽小,而天地之理皆备,只要正心修身,再辅之以"用中"(即"中庸")的功夫,就一定能够得道。

第二章至第十二章,引述孔子的话来阐明首章的意义。

第十二章继续申论首章提出的"道不可离"的命题。

第十三章至第二十章引述孔子的话,来论证第十二章的意思。

第二十一章承上引孔子关于"天道"、"人道"的论述,提出"诚则明矣,明则诚矣"的论点。

最后十二章,反复阐述第二十一章的观点。

从上面的介绍可以看出,《中庸》涉及"天"、"道"、"人"三者的关系,具有丰富的内容。后来的一些学者,发现了《中庸》和《易传》的思想脉络极为相近,认为《中庸》是演《易》之书。不过,就其内容仔细分析,恐怕与《大学》的关系更为密切一些,即完全以个人的修养和完善为中心,以阐发实践伦理的学说。

《中庸》谈天、谈道,但天与道不再与人无关,而成为与人息息相关的东西。人的作用可以中和天道,天道、人道可以合二为一。当然,这种转化是有条件的。最重要的条件就是"诚",如果没有"诚",就不会有完善的道德修养,人道和天道也就不可能获得有机的结合,而君臣、父子、夫妇、兄弟、朋友的外在社会的伦常秩序就不能建立。所以,以"诚"为特征的内在道德修养就成为天人合一、治国平天下的具有决定意义的环节。

《中庸》向人们展示了儒家的世界观和方法论。正因如此,《中庸》成为儒家哲学发展过程中不可缺少的一环,也成为宋明理学最重要的思想根源。《中庸》的思想在中华民族的文化心理结构的形成过程中,起了很大的作用。

第十章 《论语》

第一节 孔子的生平

孔子名丘，字仲尼，生于周灵王二十一年（公元前五五一年），死于周敬王四十一年（公元前四七九年），终年七十二岁。他的祖先是宋国的贵族。他的曾祖防叔因逃避祸难由宋迁鲁，才变成鲁人。他的父亲名纥，字梁叔，做过鲁国郰邑的大夫。孔子出生不久，父亲死去，家境日益没落。为了生活，他不得不去干各种杂活。据孟子说，他曾当过主管仓廪和苑囿的小吏。少年时代的孔子，家庭虽然困难，但志气颇为豪迈。他留心学问，勤于钻研，极受周围人的钦重和夸赞。

他三十左右，学问渊博，已经卓然成家，贵族们都很赏识他。鲁昭公二十五年（周敬王三年，公元前五一七年），

第十章 《论语》

昭公讨伐鲁国贵族季氏失败，逃到齐国，孔子的立场在鲁君一边，于是也到了齐国。在齐国不甚得志，不久，又回到鲁国。

鲁定公九年（周敬王十九年、公元前五〇一年），孔子五十一岁，开始见用于鲁国。先后任司空、司寇，亲身经历了夹谷之会和捣毁鲁国季孙、叔孙、孟孙三家私邑这两件对鲁国历史有重大影响的事情。此后，孔子又不得志，于是由鲁国到了卫国，开始了周游列国的生涯。这一年是鲁定公十三年（周敬王二十三年，公元前四九七年），孔子五十五岁。在卫，他居住了五年后，因卫国内乱，离开卫国。他先经过曹国，后经过宋国和郑国，最后到了陈国。孔子颠沛流离，屡遭不幸，在陈国又赶上战祸，于是他又回到卫国。当时卫国的国君是卫孝公，他仍不重用孔子，这时正好鲁国用厚币礼请孔子回去，因此，孔子就结束了长达十四年的流浪生涯，回到祖国，这时他已经六十八岁了。返鲁以后，孔子看到自己以礼治国的政治理想难以实现，就把兴趣转到学问上来，开始了整理古代文化遗产的工作，并从事教育事业，鲁哀公十六年（周敬王四十一年，公元前四七九年），孔子病死，结束了他的生命旅程。

第二节 《论语》的名义和作者

《论语》作为书名，表示什么意思，古人有种种解释，重要的说法有三种：

①班固的解释。《汉书·艺文志》说："《论语》者，孔子应答弟子、时人及弟子相与言，而接闻于夫子之语也。当时弟子各有所记，夫子既卒，门人相与辑而论纂，故谓之《论语》。"照班固的说法，《论语》即是纂辑之作，完成于孔子死后。后来陆德明的《经典释文·录》引申《汉志》的说法，认为"论"是论撰，"语"为时贤及古明王之语，《论语》就是论撰所记"时贤"、"古明王"之语。

②刘熙的解释。《释名·释典艺》说："《论语》，记孔子与弟子所语之言也。论，伦也，有伦理也；语，叙也，叙己所欲说也。"刘熙采用音训的方法，解释《论语》的意义是伦理之语。梁人皇侃、宋人邢昺都赞成此说，而邢昺在《论语正义》中，有更进一步的发挥。他说："论者，伦也、纶也、轮也、理也、次也、撰也。以此书可以经纶世务，故曰纶也；圆转无穷，故曰轮也；蕴含万理，故曰理也；篇章有序，故曰次也；群贤集定，故曰撰也。郑玄《周礼注》云：'答述曰语。'以此书所载皆仲尼应答弟子及时人之辞，故曰语，

第十章 《论语》

而在论下者,必经论撰,然后载之,以示非妄也。"邢昺的解释折衷诸说,八面玲珑,然而难避牵强附会之嫌。

③何异孙的解释。《十一经问对》说:"《论语》有弟子记夫子之言者,有夫子答弟子问者,有弟子自相答者,又有时人相言者,有师弟子对大夫之问者,皆所以讨论文义,故谓之《论语》。"何氏通过对《论语》内容类型的分析,认为《论语》的"论"字,即讨论的"论"字,《论语》也就是讨论文义之书。

比较而言,上面的三种说法以《汉书·艺文志》的较为妥贴。其实,《论语》一书就是在孔门弟子所记孔子言行材料的基础上,经过增删损益编辑而成的,其性质接近后世的"语录"①。

关于《论语》的编者,实际前面已经有所涉及。据《汉书·艺文志》记载,《论语》是孔子门人在孔子死后,将各人所记孔子言行的笔记集中到一起,经过一番整理编辑而成的。至于哪些弟子参加了这项工作,班固没有述及,东汉的郑玄也曾给《论语》作注,他首次提出《论语》由仲弓、子夏、子

---

① 近人蒋伯潜说:"语录之作,说者尝谓出于佛徒。因《唐书·艺文志》已有僧徒之《神清参禅语录》也。但溯其渊源,实以《论语》为最早。"见《十三经概论》,上海古籍出版社,一九八三年四月,第五〇一页。

游等人撰定。这个说法影响极大，后来的不少人皆从信不疑。然而，唐人柳宗元不以为然。他认为孔子的弟子中，曾子最小，而《论语》记载了曾子的死事，说明子夏、子游等人不可能编辑《论语》。编辑此书的当是曾子的弟子，完成于曾子死后。看起来。柳宗元的推论切实可信。所以今人基本上赞同这一意见，不过有的学者又略有补充。杨伯峻先生认为，"《论语》编纂成书虽在孔子死后七十多年，但着笔或者较早，甚至也不是一人的笔墨"，所以，"《论语》是采辑孔门弟子或者再传弟子有关笔墨，在战国初期编纂而成的书"[①]。

第三节 《论语》的内容和孔子的思想

《论语》一书共二十篇，每篇选取首章第一二句的二字或三字为题，依次为：①《学而》②《为政》③《八佾》④《里仁》⑤《公冶长》⑥《雍也》⑦《述而》⑧《泰伯》⑨《子罕》⑩《乡党》⑪《先进》⑫《颜渊》⑬《子路》⑭《宪问》⑮《卫灵公》⑯《季氏》⑰《阳货》⑱《微子》⑲《子张》⑳《尧曰》。

这二十篇文字不管孔子弟子记孔子语言也好，孔子回答

---

① 杨伯峻《论语》，《经书浅谈》，中华书局。一九八四年七月，第九九页。

第十章 《论语》

弟子的提问也好，或者时人相言，君臣对答也好，不外乎记载孔子和孔子少数学生的言语、行事。所以，要研究孔子和孔门弟子，《论语》首先是应当阅读的书，也是比较可信的书。

孔子是中国伟大的思想家、教育家，他的基本思想主要是通过《论语》反映出来的。在政治上，孔子是近乎保守主义者。他相信周王朝是社会制度的最完美形式，从而以维护周天子的一统天下和重建文武周公事业为己任。但是，他又不是一个冥顽不灵、抱残守缺的人。为了能使周王朝百世不替地延续下去，他主张改善统治者和人民的关系。他认为，对老百姓的统治不能只靠"政"和"刑"，也要注意"德"和"礼"。为此，他要求统治者必须具备"贤"和"德"的素质，呼吁通过"举贤才"之类的措施来改善统治者的状况。

基于这些认识，他提出了"礼"和"仁"这两个孔子学说中最重要的范畴。"礼"是指周初确定的一整套区别等级名分的典章、制度、规矩和仪节。"仁"指最高的道德规范，主要是说人们之间应该相爱。他认为这二者是互相补充、互相包含、互相制约的。礼是外在的行为准则，仁是内在的行为状态。礼必须以仁为思想基础，否则就流于形式；仁必须以礼为客观标准，相爱有所节制，否则便乱了伦次。应该看到，这一学说的实质是为维护旧制度作论证的。因为在阶级社会里,这样的人类之爱是不可能实现的。但是,孔子能提出"爱人"的口号,把它作为"仁"的一个定义,用以补充"克己复礼"的解释,这在思想发展史上说,应该算作一个进步。因为它在一定程度上反映了劳动者身分变化的事实。

在哲学上,孔子是唯心主义者。他相信天命,认为人的死生富贵,事的兴衰成败,都由天命在冥冥中决定,人力是无可奈何的。然而,他又肯定人的道德水平的高下不是天生的,人的努力可以极大地克服天命的限制。他也不相信鬼神。他认为人当中,有的是"生而知之"的天才,有的是"不可使知之"的蠢才。这是在认识论上存在着先验论的错误,但多年的教育实践又使他相信,通过经验,运用思考,反复练习,勤于切磋,是一般人获得知识的重要途径。这种认识又使他回到唯物主义的路线上。

孔子是伟大的教育家。他提出"因材施教"的教育方法。这种方法注意分析学生的不同性格和水平,并能根据不同对象的不同特点采取不同的教学方法。他提出"有教无类"的口号,开创了私人讲学的风气,向垄断教育的旧习惯公开宣战。

总之,《论语》中保存了孔子的非常丰富的思想内容。这些内容"确乎构成了一个具有实践性格而不待外求的心理模式","终于成为汉民族的一种无意识的集体原型现象,构成了一种民族性的文化——心理结构"①。

第四节 《论语》学源流

"论语"一词，最早见于《礼记·坊记》。说明《论语》在战国时期已比较流行了。进入西汉，《论语》得到更广泛的传播，从而形成《论语》学。西汉流传的《论语》有古《论》、齐《论》、鲁《论》三个本子。分别属于今文、古文两个派别。齐《论》、鲁《论》属于今文，古《论》属于古文。据《汉书·儒林传》记载，齐《论》的传人有王吉、宋畸、贡禹、五鹿充宗、庸谭等人；传鲁《论》的有龚奋、夏侯建、夏侯胜、韦贤、萧望之等人；传古《论》的主要是孔安国。后来张禹继起，对《论语》学的研究做出重要的贡献。张禹本学鲁《论》，又兼习齐《论》。后来会通齐、鲁，进行综合研究，撰成《论语章句》。此书又称《张侯论》，非常流行。当时跟从张禹学习《论语》的学者特别多，所以时人有"欲为《论》，念张文"的说法。东汉时期，包咸、周氏为《张侯论》撰作章句，而马融亦为古《论》撰注。郑玄以周氏章句中所采用的《张

---

① 李泽厚《中国古代思想史论》，人民出版社，一九八六年三月，第三二页。

侯论》为本，参考齐《论》、古《论》而为《论语》作注。①郑注《论语》问世后，盛行于当时。魏晋时期，《论语》学进一步发展，呈现出注本叠出，注家纷起的局面。王肃有《论语注》，陈群、周生烈各有《义说》，玄学名家王弼在注过《周易》、《老子》之后，也兼及《论语》，而另一位玄学名家何晏与同仁撰作的《论语集解》，采摘汉魏诸儒之长，号称集大成之作。后来的学者一谈《论语》，便以何晏《集解》为宗，以致其他诸家的注解，皆被淹没了。南北朝时，梁人皇侃的《论语义疏》②最为著名。此书与集解同调，用玄学的笔调解释《论语》，往往附会《周易》和《老子》。隋唐两代，《论语》学无名家出现。韩愈、李翱的《论语笔解》较为重要。此书以空言解经，开宋学的先河。

宋人研究《论语》，首推邢昺。他的《论语疏》以皇侃的注疏为依据，而尽删其涉玄之语，努力恢复汉魏《论语》学的旧观。正因为如此，昔人评论邢昺的《论语疏》有廓清之功。然而，此书是汉学向宋学转变时期的作品，在融会诸

---

① 郑玄《论语注》久已亡佚。清人马国翰《玉函山房辑佚书》及袁钧《郑氏遗书》都有辑本。又，敦煌石室遗书中发现郑注残本。一九六九年在新疆吐鲁番发现郑玄《论语注》残抄本。
② 此书亡于南宋，清乾隆年间复由日本传入。

第十章 《论语》

家说解而返归简约方面，不如宋学范围的一些撰作。宋代以义理说《论语》，始于程颐。其后范祖禹、谢显道、杨时、尹焞等程门弟子，对于《论语》也都有述作行世。南宋的朱熹后来居上，采集宋儒十一家之说，而断以己意，完成集宋学大成的《论语集注》，此书有文字的训解，也有大意的阐发。全书博采众说而简约说之，既便于深入研究，也适合初学使用。所以，大行于南宋以后各个朝代，成为《论语》方面影响最大的一部书。朱熹之后，朱门弟子黄干及张栻、朱震在《论语》学研究方面，也取得了重要的成就。其中黄干的《论语注义通释》对乃师的《论语集注》阐述颇详。元明以来，《论语》学基本上以朱注为中心，没什么新意。清初《论语》的宋学特征仍然较深。直到刘台拱的《论语骈枝》、方观旭的《论语偶记》、钱坫的《论语后录》、包慎言的《论语温故录》、焦循的《论语通释》问世后，《论语》学才由宋学转入汉学。这几部书皆以剔除臆说恢复汉注为旨归，其中刘、焦二人的书最为翔实精审。继刘、焦之后，清代《论语》学最杰出的成果是刘宝楠、刘恭冕父子的《论语正义》。此书经文、注文以何晏的《集解》为本，疏文博采众家之长，特别是清儒的佳言懿意，一一采入，内容非常丰富，体例又甚为严谨，通过此书足可以窥见汉学《论语》的面貌。晚清，今文学复兴，《论语》学又蒙上今文学的色彩。刘逢禄的《论语述》、宋翔凤的《论语发微》，戴望的《论语注》以及黄式三的《论语后案》都属于此派。此外，考证《论语》书中名物制度的作品，以江永的《乡党图考》一书较为有名。

近代以来，《论语》研究一直是学术研究的一个重点，不少学者都在这方面贡献了力量。其中程树德的《论语集释》、杨树达的《论语疏证》和杨伯峻的《论语译注》最为重要。特别是后者，多次重印，深受读者欢迎。

第十一章 《孟子》

第一节 孟子的生平

孟子名轲，约生于周安王十七年（公元前三八五年），死于周赧王十一年（公元前三〇四年），鲁国邹人（今山东邹县东南）。关于他的先世，东汉赵岐的《孟子题辞》介绍了一种说法，说孟子是鲁国公族孟孙的后代。另外，刘向的《列女传》记载他幼年丧父，他母亲为教育他长大成人，曾经"三迁"和"断机"。这些记载大约是可信的。孟子出身贵族，但到了他的时候，早已沦落为贫寒的普通百姓了。

孟子出生时，孔子已死去将近百年。不过此时的儒学已成显学，所以孟子接受了儒家的教育。《史记》孟子本传说，孟子"受业子思之门人"，说明他是孔门的嫡传。

孟子学成以后，便周游列国，向诸侯宣传儒家的思想和政治学说。当时，各国社会变动不居，政治改革的声浪日益高涨。为适应现实的政治形势，孟子也大谈为国之道。然而，他的"仁政"理论根本不合乎各国君主的需要，所以各国君主表面上尊敬他，但心里却认为他的理论过于"迂阔"，无论在大国齐、鲁或小国宋、滕，他得到的都是这样的遭遇。到了七十多岁时，他仍然看不到实现自己政治抱负的希望，于是告别了出外游说的生涯，回到家乡，和自己的学生万章、公孙丑等著书立说。

第二节 《孟子》的篇目和作者

传世的《孟子》共有七篇，每篇各分上、下，其目次是：

①《梁惠王上下》

②《公孙丑上下》

③《滕文公上下》

④《离娄上下》

⑤《万章上下》

⑥《告子上下》

⑦《尽心上下》

然而，关于《孟子》的篇目问题，古代却有所谓"内外篇"

第十一章 《孟子》

的争论。班固的《汉书·艺文志》著录《孟子》时说:"《孟子》,凡十一篇。"东汉的应劭在《风俗通义·穷通篇》进一步说:"孟子著书十一篇,七篇为中,四篇为外。"与应劭同时的赵岐认为,《孟子》的外书四篇文字肤浅,与七篇内书不相类似,因而怀疑这四篇是后世的伪托之作。所以,他作《孟子章句》时,只给七篇内书作了注。后来,由赵岐作注的七篇《孟子》流传下来,而另外四篇则逐渐亡佚了。

关于《孟子》的作者,历来也有几种不同的意见:

①认为出于孟轲之手。《史记》孟子本传说:"天下方务于合纵连横,以攻伐为贤,而孟轲乃述唐、虞、三代之德,是以所如者不合。退而与万章之徒序《诗》、《书》,述仲尼之意,作《孟子》七篇。"此说比较详细。据此,孟轲周游列国不得其志,于是回到故乡和几位学生一起撰写了《孟子》一书。赵岐、应劭、傅玄都赞成此说。

②认为出于门弟子之手。吴姚信的《士纬》说:"孟子之书,将门人所记,非自作也。故其志行多见,非惟教辞而已。"韩愈、晁公武等人遵从此说。

③认为孟轲所自作,后经过门弟子叙定。清人阎若璩的《孟子生卒年月考》说:"孟子……道不行,归而作书七篇,卒,当赧王之世。卒后,书为门人所序定,故诸侯王皆加谥焉。"

④认为由孟轲的门弟子所作，并且有再传的门弟子的记录。宋人林之奇《孟子讲义序》说："《论语》、《孟子》皆先圣既没之后，门弟子所录；不惟门弟子所录，亦有出弟子门人者。……如孟子之书，乃公孙丑、万章诸之所录；其称'万子曰'者，则又万章门人之所录。盖集众人之闻见而后成也。"清人周广业赞成此说，并在所著《孟子四考》中进一步申述其意说："此书（指《孟子》叙次数十年之行事，综述数十人之问答，断非辑自一时，出自一手。其始万章之徒追随左右，无役不从，于孟子之言动，无不熟察而详记之。……其后编次遗文，又遗乐正子及公都子、屋庐子、孟仲子之门人与为之。"

上述四种说法，都有一定的根据和理由，但到底哪种意见更合适，今人的看法也不一致。周予同先生认为四说当中，"第四说为较优"[①]，杨伯峻先生则认为《史记·孟子荀卿列传》的话，即第一种说法"是大体可信的"[②]。

---

① 周予同《周予同经学史论著选集》，上海人民出版社，一九八三年十一月，第二八九页。
② 杨伯峻《孟子》，《经书浅谈》，中华书局，一九八四年七月，第一二五页。

第三节 《孟子》的思想

孟子是孔子之后儒家最重要的思想家。他的思想基本上与孔子相同，但由于时移世异，他又有所发展和创新。《孟子》一书集中反映了孟子的思想。

孟子具有系统的哲学思想。他认为"天"既是宗教性的东西，又是道德性的东西。"天"虽然是具有神性的最高主宰，但其"赏善罚恶"的作用已不太重要，重要的是人的行为和道德。如果人的行为、道德合乎天意，那么同样具有赏罚的力量。在此，人道与天道合二而一，天道的作用不过是人道的需求而已。只要人们能够反求诸己，就可以实现天人合一，就可以认识和了解天。从这里自然地引出了"万物皆备于我"这个主观唯心主义的重要论题。

孟子也讲"气"和"道"。他反对构造世界万物是"气"、世界万物的总规律是"道"这一唯物主义认识，而认为"气"是人的"浩然之气"，"道"是天道。浩然之气既充塞于天地之间，也存在于人的心中；所以主张养气。他又认为"气"是"心"的道德体现，只有养心，才能达到更高的道德境界。以此为基础'孟子阐发了自己的认识论。他认为人们的认识根本不必依靠感官对外界进行考察，感性认识是靠不住的。

只有靠心才可以得到知识，因为百事万物俱在心中，养心的功夫，即是求知的最好途径。认识论方面的看法，典型地表现了孟子的唯心主义思想。

人性论是《孟子》哲学的又一个重要内容。孟子的人性论主要包括三个问题，第一个是人性的生成问题，他认为人性与生俱来，难以改变；第二个是人性的内容问题，他认为人性是善的，而这正是人和禽兽的区别所在；第三个是道德的标准及如何进行道德修养的问题。他认为人的本性既然是善的，那么只要顺着人性发展，就合乎道德，逆着人性发展就违背道德。善存在于人心之中，道德修养的功夫仅仅在于反求诸己。孟子的人性论把中国古代的人性理论第一次系统化，因而在中国哲学史上占有重要的地位。

孟子有系统的社会历史观念。孟子强调义利之辩，主张用仁义反对好利，认为仁义是社会安定、上下有序的根本保证，而好利则是一切争夺之源。孟子企图用社会分工来论证阶级剥削的合理性，认为"劳心者治人，劳力者治于人"。但是，他并不主张对老百姓进行残酷的剥削和压榨。他继承古代的民本思想，提出"民为贵、君为轻、社稷次之"的著名论点，把古代的民本思想推上一个新的高度。孟子认为社会的兴衰取决于圣人的隐现，而圣人的出现上应天意，下合人心，有定数,所谓"五百年必有王者兴"。孟子的这一个理论被邹衍接受下来,建立了对后世影响颇大的"五德终始"说。

总而言之,《孟子》的思想内容丰富,体系完整,在中国历史上产生了重要的影响。

第四节 《孟子》学源流

《孟子》在先秦时代的流传情况不详。但大家知道,孔子死后,儒分为八派,势力最大的是孟、荀两派。孟子的后学与阴阳五行家合流,在周秦之际发生了很大的影响。范文澜先生说:"秦始皇时博士儒生,大都是孟派。"[①]从孟派的兴盛可以间接地说明《孟子》在当时不仅流传广,而且影响大。

汉代初年,孟派仍然得势。赵岐的《孟子题辞》说:汉文帝时,曾置孟子博士。此事《汉书》不载,后人颇为怀疑。汉代治《孟子》的,始于扬雄。据《中兴艺文志》载,扬雄曾注《孟子》。东汉,诸子学复兴,研究《孟子》的人越来越多。其中程曾、高诱、郑玄、刘熙、赵岐都曾为《孟子》作注。

---

① 范文澜《范文澜历史论文选集》,中国社会科学出版社,一九七九年四月,第三〇六页。

赵岐的章句，不同于汉代专明训诂的释经著作，它的重点是解释句意。每章的末尾，用韵语总结该章大指，称为《章指》。此书在后世享有很高的地位。现在除赵岐的《孟子章句》至今犹存外，其他的都亡佚了。东汉杰出的唯物主义思想家王充也对《孟子》下过很深的功夫，收于《论衡》中的《刺孟》篇，具有重要的价值。

魏晋隋唐时期，比较重要的《孟子》学著作是晋人綦母邃的《孟子注》、唐人陆善经的《孟子注》、张镒的《孟子音义》、丁公著的《孟子手音》。可惜这些书都未能流传到今天。宋代，《孟子》一书正式由子书跨入经典的行列，《孟子》学也呈现出一个崭新的局面，产生了一大批重要的成果。孙奭的《孟子正义》是继赵岐《孟子章句》之后一部非常重要的新疏。此书博采宋以前注《孟》之作的长处，加以融会。既注重义理的发明，也注重文字的训诂，是汉学向宋学转变时期一部比较好的撰作。朱熹的《孟子集注》与孙奭的书宗旨不同，它继承二程的传统，重点在于阐释孟子的思想。此书是宋学《孟子》的集大成著作，受到后世的高度推崇，以致成为元明以来《孟子》学的中心。宋代除通注《孟子》的撰作外，还有不少以阐发孟子思想内容为主的作品。值得重视的是，宋代在尊崇孟子的同时，也出现了为数不少的反对

第十一章 《孟子》

孟子的著作,重要的有冯休的《删孟子》、李觏的《常语》、郑厚叔的《艺圃折中》、司马光的《疑孟》等。

清代《孟子》学的重心是攻击宋学,恢复汉学。阎若璩的《孟子生卒年月考》、周广业的《孟子四考》,一反宋明以来空言性理的旧习,以扎实的考证功夫见长。阮元重刻"十三经",始比较彻底地恢复了被宋人删弃的赵岐《章指》的面貌。焦循的《孟子正义》以赵注为本,荟萃清儒顾炎武以下六十余家的成果加以疏证,被推为清代注《孟》书中水平最高的作品。戴震的《孟子字义疏证》,借《孟子》学说立论,比较详尽地阐发了他自己的进步的哲学思想,深刻批判了唯心主义理学的反动本质,因而此书就从一般的考证之作上升为重要的理论著作。清末康有为的《孟子微》,竭力发挥儒家托古改制的思想,是康、梁一派宣传政治改良的重要著作。

解放以来,《孟子》研究进一步发展,产生了许许多多的论著。在整理旧文方面,杨伯峻先生的《孟子译注》成绩最大。此书既专精又通俗,深受社会各界的欢迎。

出版后记

中华文明源远流长。在漫长的历史岁月中，我们中华民族创造了辉煌灿烂的文化成就，践行着自己朴素而真诚的人生和社会理想，追寻着具有鲜明特色的伦理价值和审美境界，展示出丰富、生动、深邃的思想智慧。在很长一段时间内，中国文化在世界文明体系中居于领先地位，其影响力和感染力无比强大，从而在铸就中华民族独特灵魂的同时，也为人类文明的发展和进步作出了重要的贡献。

明清之际，由于复杂的原因，中国社会没有能够有效地完成转型，逐步走向封闭和衰落。鸦片战争的失败，更使中国面临数千年未有之变局，使中华民族沦入生死存亡的艰难境地。为了救国于危难，当时的仁人志士自觉不自觉地把目光投向西方，投向西学，并由此对中国传统文化进行了激烈的批判。从洋务运动、戊戌变法，一直到五四新文化运动，

出版后记

在近代中国救亡图存的历史语境中，传统文化的观念和形态，常常被贴上落后、愚昧的标签，乃至被指斥为近代中国衰落和灾难的祸根，就连汉字和中医这样与国人生命息息相关的文化形态，也受到牵连和敌视，被列入需要废除的清单。对本民族文化的这种决绝态度，在世界各民族的历史上都是罕见的，它既反映了我们中华民族创新发展的非凡勇气，也从一个重要侧面，印证了中华传统文化的顽强和深厚。

今天，历史已经走进21世纪，我们中华民族经过不懈的努力和奋斗，迎来了快速发展的良好机遇，国家强盛、民族复兴的曙光就在前方。在这样的时候，在这样的历史背景下，重温我们民族的辉煌、艰难历史，重新认知我们民族的优秀文化和高贵传统，不仅是一种自然的趋势，也是一项庄严的历史使命。理由很简单，我们中华民族要在全球化的背景下真正实现伟大复兴，必须具有足够的凝聚力和创造力，必须具有强烈的自尊心和自信心，而这一切，离不开对本民族优秀文化基因的认同和感念，离不开对优秀传统的继承和弘扬。从这个意义上说，中国传统文化是不绝的源泉，是清新而流动的活水。我们组织出版《中国文化经纬》系列丛书，正是为了汲取丰富的精神滋养，激发我们前行的力量。

本书系计划出版100卷，由著名的中国文化书院组织编写，内容涵盖中国传统文化的各个方面和层级，涉及文学、历史、艺术、科学、民俗等多个领域，力求用通俗易懂的语言，用较少的篇幅，使广大读者对中国历史文化有较为全面的认识，对中国精神和中国风格有较为深切的感受。丛书的作者均为国内知名专家，有的是学界泰斗，在国内外享有盛誉，他们的思想视野、学术底蕴和大家手笔，保证了丛书的学术品质和精神品格。

这是一套规模宏大、富有特色的中国传统文化读本，这是专家为同胞讲述的本民族的系列文明故事，我们期待您的关注和阅读，也等待您的支持和批评。

中国书籍出版社

2015 年 9 月

中国文化经纬·第一辑

从黄帝到崇祯：二十四史 / 徐梓 著
华夏文明的起源 / 田昌五 著
孔子和他的弟子们 / 高专诚 著
老子与道家 / 许抗生 著
墨子与墨学 / 孙中原 著
四书五经 / 张积 著
宋明理学 / 尹协理 著
唐风宋韵：中国古代诗歌 / 李庆 武蓉 著
易学今昔 / 余敦康 著
中国神话传说 / 叶名 著

中国文化经纬·第二辑

敦煌的历史与文化 / 宁可 郝春文 著
伏尔泰与孔子 / 孟华 著
利玛窦与徐光启 / 孙尚扬 著
神秘文化的启示：纬书与汉代文化 / 李中华 著
中国古代婚俗文化 / 向仍旦 著
中国书法艺术 / 陈玉龙 著
中国四大古典悲剧 / 周先慎 著
中国图书 / 肖东发 著
中国文房四宝 / 孙敦秀 著
中印文化交流史 / 季羡林 著